労働災害対応
対応
Q&A

企業と役員の責任

森・濱田松本法律事務所

弁護士 安倍 嘉一
弁護士 奥田 亮輔
弁護士 五十嵐 充
弁護士 大屋 広貴

経団連出版

はしがき

　厚生労働省の公表によれば、令和5年1月から12月までの新型コロナウイルス感染症への罹患によるものを除いた労働災害による死亡者数は755人（前年比19人減）と過去最少となった一方、休業4日以上の死傷者数は135,371人（前年比3,016人増）と3年連続で増加している。また、労働災害をめぐる労使間のトラブルも後を絶たない。

　本書は、労働災害における企業・役員の責任について、Q&A形式で実務的な論点をとりまとめたものである。労働災害への企業の実務対応についても解説しており、現時点での最新の情報・ノウハウを提供するとともに、類書にない実務的な内容にまで言及していると自負している。

　本書が、労働災害における企業・役員の責任、および企業としての実務対応を検討するあたり、手がかりとなることを期待したい。

2024年6月
執筆者を代表して
弁護士　**五十嵐 充**

3

目次

はしがき

日本の労働災害の現状と企業が負うべき責任 ————————— 11

第1章　労働災害と企業の責任

1　労災補償制度

01 労働者が業務で怪我をした場合、労働者はどのような補償を
受けられますか。————————————————————— 18

02 会社が加入しなければならない労災保険の対象となるのは、
どのような労働者でしょうか。——————————————— 20

03 フリーランスの個人事業主は、労災保険の加入対象となる可
能性はないのでしょうか。————————————————— 21

04 海外の支店で勤務する従業員について労災保険は適用される
のでしょうか。——————————————————————— 22

05 海外出張者は労災保険が適用されるのでしょうか。————— 23

06 仕事中に、現場の他企業の労働者のミスにより当社の労働者
が怪我をしました。労働者にはどのような補償がされるので
しょうか。————————————————————————— 25

07 会社の業務がきつくてうつ病になってしまい、休職を経て退
職したのですが、その後に、労災の給付決定が下りました。
労災であれば、会社に戻ることは可能でしょうか。————— 27

08 労働者が労働基準監督署に労災給付を申請したものの、労基
署の調査の結果、不支給との決定がなされました。決定に不
服がある労働者は、どのような手続きが可能でしょうか。— 29

09 再審査請求においても、認定が覆らなかった場合、労働者は裁
判所に処分の取消しを求めることはできますか。また、使用者
は、労災認定処分の取消しを求めることは可能でしょうか。— 31

10 仕事が重なり、残業が続いていた従業員が倒れて病院に運ばれました。心筋梗塞とのことですが、どの程度残業したら労災になるのでしょうか。――――――――――――――――― 34

11 「うつ病」との診断書を提出し欠勤を始めた従業員が、会社に対し、労働時間が長すぎた、上司のパワハラがあったなどと主張し、労災申請をするように求めています。こうした精神疾患の場合に、労災はどのように判断されるのでしょうか。― 37

12 石綿（アスベスト）のばく露により病気になった場合の、労災認定基準はどのようなものでしょうか。――――――――― 40

13 従業員が出張中に宿泊先のホテルで転倒して亡くなった場合、労災認定してもらえるのでしょうか。―――――――――― 43

14 業務時間終了後、会社主催の飲み会に参加した際の怪我については、労災認定がされるものでしょうか。――――――――― 45

15 職場で同僚同士が殴り合いのけんかをして怪我をしました。この怪我には労災が適用されるのでしょうか。――――――――― 47

16 通勤途中に交通事故で怪我をした場合、補償されるのでしょうか。――――――――――――――――――――――――― 49

2 労災民事賠償責任

17 安全配慮義務違反は誰が証明する責任を負うのでしょうか。― 52

18 元請企業は下請企業の従業員に対して安全配慮義務を負うのでしょうか。――――――――――――――――――――― 55

19 出向中に労災事故が起きた場合、誰が責任を負うのでしょうか。――――――――――――――――――――――――― 57

20 労災民事訴訟の際に因果関係はどのように判断されますか。― 59

21 労災被災者が損害賠償を請求する場合、どのような損害が考えられますか。――――――――――――――――――――― 65

22 労災被災者が民事上の損害賠償を請求する場合、過失相殺によって損害が減額されることはありますか。――――――――― 71

23 労災被災者が損害賠償を請求する場合、損益相殺によって損害が減額されることはありますか。————— 79

24 機械の操作ミスによる事故で負傷した場合、使用者である企業が損害賠償請求されることはありますか。————— 84

25 過重労働に起因して労働者が脳・心臓疾患を発症して死亡した場合、使用者である企業が損害賠償請求されることはありますか。————— 87

26 職場におけるいじめやハラスメントが心理的負荷となり、労働者が精神疾患等を発症して自殺した場合、使用者である企業が損害賠償請求されることはありますか。————— 93

3　労働災害と刑事責任

27 労働災害が起きた場合に、会社は刑事責任を負うことがあるのでしょうか。————— 98

第2章　労働災害と役員の責任

1　役員責任総論

28 従業員の労働時間管理や健康の確保について、会社の取締役は一般にどのような義務を負うのでしょうか。————— 102

29 会社の規模によって、従業員の労働時間管理や健康の確保に関して取締役として負う善管注意義務の具体的な内容に違いがあるのでしょうか。————— 105

30 労災について役員責任の追及がなされた場合、その具体的な方法としてはどのようなものが考えられますか。同一の労災であっても、それぞれの方法によって、役員責任の有無が異なる場合もありうるのでしょうか。————— 109

31 労災の発生について取締役に（悪意または重過失の）任務懈怠が認められる場合に、会社法429条1項の対第三者責任と同法423条1項の任務懈怠責任とで、賠償すべき損害はどのように異なるのでしょうか。————— 112

32 登記に必要と言われて名義を貸しただけで、実際には取締役としての職務を行っていない場合でも、従業員の労務管理に責任を負うのでしょうか。―――――― 114

33 取締役として選任されていない場合でも、従業員の労務管理に関して会社法429条1項の対第三者責任を負うような場合があるのでしょうか。あるとすれば、具体的にどのような場合に責任を負うことになるのでしょうか。―――――― 117

34 労災が発生し、取締役個人として責任を追及された場合に、責任限定契約等の会社法上の責任限定制度により損害賠償責任を軽減することは可能でしょうか。―――――― 119

35 労災が発生し、取締役個人として責任を追及された場合に、対応に要した防御費用や最終的に支払った賠償金について、一定の填補を受けることは可能でしょうか。―――――― 121

36 役員責任に関する消滅時効期間は何年とされているのでしょうか。―――――― 124

2 役員責任各論

37 長時間労働による脳・心臓疾患等に関する労働災害事案において、取締役に対して会社法429条1項の対第三者責任が肯定された裁判例では、取締役の悪意・重過失の任務懈怠について具体的にどのような事情に基づき判断したのでしょうか。―――― 126

38 一定規模以上の組織化された会社において、代表取締役や人事部等の所管取締役に要求される労務管理体制の構築・運用義務として、裁判例上は具体的にどのような体制が求められているのでしょうか。―――――― 131

39 職場のハラスメントが原因となって労働者が自殺した事案において、取締役に対して会社法429条1項の対第三者責任を肯定した裁判例では、取締役の悪意・重過失の任務懈怠について具体的にどのような事情に基づき判断したのでしょうか。―――― 135

40 業務上の事故による労働災害が発生した事案において、取締役に対して会社法429条1項の対第三者責任を肯定した裁判

例では、取締役の悪意・重過失の任務懈怠について具体的に
どのような事情に基づき判断したのでしょうか。───── 138

第3章　労働災害への企業の実務対応

41 従業員がうつ病になり、会社を休むと言ってきました。会社
としてはどのような対応をとればよいでしょうか。───── 142

42 従業員から労災申請がなされました。この後はどのように手
続きが進むことになるのでしょうか。───── 144

43 うつ病で休職中の従業員が、弁護士を代理人に立て、うつ病
発症の原因は過重労働やハラスメントだとして、安全配慮義
務違反に基づく損害賠償請求をしてきました。早く円満に解
決するには、どのように対応するのがよいでしょうか。── 146

44 うつ病で欠勤・休職し、健康保険組合から傷病手当金を受給
している従業員が、うつ病になったのは上司のパワハラのせ
いだ、労災を申請したいと言い出しました。さらに労災の給
付を受けることは可能なのでしょうか。───── 149

45 うつ病にかかり労災申請を希望した従業員が、「災害の原因」
の箇所に、「上司からのパワハラ」と記載していました。会社
としては、ハラスメントはなかったと考えており、申請書へ
の押印がためらわれます。どうしたらよいでしょうか。── 150

46 自殺した従業員の遺族が、自殺は会社のせいだと思い、非常
にお怒りの様子で、会社関係者には、「葬儀に来るな！」と
言っています。どうしたらよいでしょうか。───── 152

47 従業員が亡くなり、直属の上司と担当役員が弔問に伺ったとこ
ろ、遺族は「社長は線香もあげに来ないのか」と激怒していま
す。社長も弔問に行かなければならないのでしょうか。── 153

表紙カバーデザイン───斉藤重之

日本の労働災害の現状と企業が負うべき責任

1．日本における労働災害の状況

　国は、業務に起因する傷病、すなわち労働災害を減少させるために国が重点的に取り組む事項を定めた中期計画「第14次労働災害防止計画」を2023年3月8日に策定し、2023年4月～2028年3月に重点的に取り組むべき事項を定めました。

　当該計画によれば、労働災害による死傷者数は減少傾向にあり、2023年5月23日に厚生労働省から公表された「令和4年労働災害発生状況」によれば、2022年1月から12月までの新型コロナウイルス感染症へのり患によるものを除いた労働災害による死亡者数は774名（前年比4名減）と過去最少となりました。[*1]

　他方、たとえば建設業における高所からの墜落や転落、製造業における機械等による挟まれ・巻き込まれ等の事故が多く、引き続き、特に死傷者数が多い業種において対策に取り組むことが重要であることが指摘されています。また、業種によっては、化学物質の性状に関連の強い労働災害（有害物等の接触、爆発、火災等）が年間約500件発生しており、減少が見られないことも指摘されています。

　当該計画によれば、過重労働による労働災害については、週労働時間40時間以上である労働者のうち、週労働時間60時間以上の労働者の割合は「緩やかに減少している」ものの、過重労働による脳・心臓疾患の発症を理由に労災認定がされる事案は依然として発生しています。さらに、メンタルヘルスに関しては、精神障害等による労災請求件数および認定件数が増加傾向にあります。

1　厚生労働省「令和4年の労働災害発生状況を公表」（最終閲覧日：2024年2月29日）。https://www.mhlw.go.jp/stf/newpage_33256.html

実際、2023年6月30日に厚生労働省が公表した令和4年度の「過労死等の労災補償状況」によれば、過労死等に関する請求件数全体は3486件（前年度比387件の増加）、支給決定件数全体は、904件（前年度比103件の増加）となっています。さらに内訳を見ると、脳・心臓疾患に関する事案について請求件数は803件（前年度比50件の増加）、支給決定件数は194件（前年度比22件の増加）、精神障害に関する事案の労災補償状況については、請求件数は2683件（前年度比337件の増加）、支給決定件数は710件（前年度比81件の増加）となっています。[*2]

　労災事故の発生の防止は、引き続き日本全体の重要な課題となっていますので、企業としては、機械への巻き込まれや化学物質による労災事故といった特定の業種において発生しやすい労災事故を防止するだけでなく、過重労働や精神障害等、どの業種においても問題となりうる労災事故の発生の防止に努める必要があります。

2. 企業の負うべき責任

　労働災害が発生した場合、企業には行政手続きへの対応、民事手続きへの対応、刑事手続きへの対応を行う必要が生じることがあります。

(1) 行政手続きへの対応

　労働災害が発生した際に、その災害の補償のために、労働者が労災保険法に基づく保険給付の申請を行うことがあります。労災保険法上、使用者は、労働者から保険給付を受けるために必要な証明を求められたときは、すみやかに証明をしなければなりません（労災保険法施行規則23条2項）。したがって、会社としては、労働者の労災申請との関係で一定の対応を行う必要があります。

　また、労働者から労災申請があった際、会社は労働基準監督署（労基署）との対応も必要となります。具体的には、労基署からの関係資料の提出依頼等の調査への対応や、質問に対する回答等の一定の協力が求められる場合が

2　厚生労働省「令和4年度『過労死等の労災補償状況』を公表します」（最終閲覧日：2024年2月29日）。https://www.mhlw.go.jp/stf/newpage_33879.html

あります。

　さらに、労災認定が認められず、労災保険法に基づく保険給付の不支給が決定した際は、不服のある労働者は当該決定に対して審査請求を行ったり、最終的には裁判所に対して取消訴訟を提起する場合があります。その対応として、各手続きの不服申立てをした労働者や、その相手方である国（労基署）に、会社が資料提供をする例も見られます。

（2）民事手続きへの対応

　労働者が労働災害により負傷または疾病にり患し、入通院等の治療を余儀なくされるなどにより損害が生じたとして、労働者から企業に対し、損害賠償請求がなされる場合があります。その際、労働者からは、労災による負傷等について、労働契約上の安全配慮義務違反（労働契約法5条）や、民法上の不法行為責任（民法709条）が法的な根拠として主張されることがあります。

　また、会社だけではなく、会社代表者や役員に対しても、民法上の不法行為責任または、会社法429条1項に基づく役員等の責任を追及し、損害賠償の請求がなされる場合もあります。

❶会社の損害賠償責任

　不法行為責任について、民法は、「故意又は過失によって他人の権利又は法律上保護される利益を侵害した者は、これによって生じた損害を賠償する責任を負う。」（民法709条。不法行為責任）と規定し、①権利侵害、②故意または過失、③損害の発生、④権利侵害と損害との間の相当因果関係が認められる場合に、損害賠償責任が認められます。労働災害の発生においては、労働災害によって負傷ないし疾病にり患し、治療費等のさまざまな損害が生じたことが認められると、かかる損害を賠償する責任を負うことになります。

　また、民法は、「ある事業のために他人を使用する者は、被用者がその事業の執行について第三者に加えた損害を賠償する責任を負う。」（民法715条1項）と規定し、使用者責任を定めています。これは、従業員や役員が労働災害につき不法行為責任を負う場合、その者を使用する者、すなわち会社自身も損害を賠償する責任を負うことを認めるものです。したがって、たとえ

ば、ある労働者のミスにより他の労働者に労災事故が生じた場合などには、ミスをした労働者だけでなく、当該労働者を使用する会社自身も損害賠償責任を負う可能性があります。

さらに、使用者と労働者との間の労働契約について定めた労働契約法は、「使用者は、労働契約に伴い、労働者がその生命、身体等の安全を確保しつつ労働することができるよう、必要な配慮をするものとする。」と規定し（労働契約法5条）、いわゆる安全配慮義務を定めています。たとえば、従業員の長時間労働によるうつ病へのり患、および自殺の事例において、裁判所は、「業務の遂行に伴う疲労や心理的負荷等が過度に蓄積して労働者の心身の健康を損なうことがないよう注意する義務」を安全配慮義務の一内容として認めています[*3]。企業がかかる義務に違反し、労働者に損害が発生した場合、安全配慮義務違反による損害賠償責任を負う可能性があります。

❷役員の損害賠償責任

取締役などの役員については、会社法上、「役員等がその職務を行うについて悪意または重大な過失があったときは、当該役員等は、これによって第三者に生じた損害を賠償する責任を負う。」（会社法429条）と規定し、①役員等の任務懈怠があること、②当該任務懈怠について悪意または重過失があること、③第三者に損害が生じたこと、④当該損害と任務懈怠との間に相当因果関係があること、という要件を満たす場合、役員等はその損害を賠償する責任を負うことになります。したがって、労災事故が発生した場合においても、これらの要件を満たす場合、役員個人が損害賠償責任を負担する可能性があります。

さらに、会社自体に損害が生じた場合には、当該会社の株主から、役員等の任務懈怠責任について、いわゆる株主代表訴訟の形で損害賠償請求がなされることもあります。会社法は、「役員等はその任務を怠ったときは、株式会社に対し、これによって生じた損害を賠償する責任を負う。」（会社法423条1項）と規定し、具体的には①役員等の任務懈怠、②会社の損害の発生、

3　最判平12.3.24民集54巻3号1155頁。

および③任務懈怠と損害との間に相当因果関係が認められる場合、損害賠償責任が認められることになります。また、会社が当該役員等に対しかかる責任を追及しない場合、当該会社の株主が会社に代わって株主代表訴訟を提起することがあります。したがって、役員等の任務懈怠によって労働災害が発生し会社に損害が生じた場合においても、役員等はかかる責任を会社の株主から追及されることがあります。

(3) 刑事手続きへの対応

　労働災害が労働基準法や労働安全衛生法に規定する刑罰規定に違反し、特にその悪質性が高い場合などには、会社やその代表者に対し、刑事手続きが開始されることもあります。この場合、捜査機関から取調べの呼出しを受けるといった任意捜査だけでなく、オフィスや事務所への捜索差押えや被疑者の逮捕・勾留等強制的な手段が用いられる可能性もあり、会社としてこのような手続きへの対応を余儀なくされることになります。そして、捜査手続きを経て、役員や会社が起訴された場合、刑事裁判手続きとして、公判における尋問や被告人質問等の対応が生じることもあります。

第1章

労働災害と企業の責任

Q01 労働者が業務で怪我をした場合、労働者はどのような補償を受けられますか。

A.

労働者が業務で怪我をした場合、それが労働者の業務上の事由または通勤による労働者の負傷等である場合、労災保険法に基づく保険給付として、国から補償が受けられます。

解説

1．保険給付の種類

労働者が業務で怪我をした場合、それが労働者の業務上の事由または通勤による労働者の負傷等である場合、労災保険法に基づく保険給付として、国から補償が受けられます。

労災保険の給付は、怪我や病気の状況等によって、以下の種類があります。

◆療養（補償）給付：無料で治療等を受けられたり、療養にかかった費用が支給される

◆休業（補償）給付：負傷や疾病による療養のため、労働することができず賃金を得られない場合に支給される

◆障害（補償）給付：負傷や疾病の症状固定後、身体に一定の障害が残った場合に支給される

◆介護（補償）給付：一定の障害状態にあり、現に介護を受けている場合に支給される

◆遺族（補償）給付：労働者が死亡した場合、遺族補償年金または遺族補償一時金が支給される

◆傷病（補償）年金：負傷や疾病の療養の開始後1年6か月を経過しても治っ

ておらず、一定の傷病等級に該当する場合に支給される

◆葬祭料（葬祭給付）：葬祭に通常要する費用を考慮して支給される

　以上のように、各保険給付がカバーする領域が異なっています。この点、特に療養（補償）給付と障害（補償）給付は、その給付対象が当該負傷や疾病が「治ゆしたかどうか」で異なることに留意する必要があります。

　労災保険法にいう「治ゆ」とは、身体の諸器官・組織が健康時の状態に完全に回復した状態のみに限らず、傷病の症状が安定し、医学上一般に認められた医療を行ってもその医療効果が期待できなくなった状態とされています。すなわち、負傷や疾病の前の状態に完全に回復しなくても、これ以上症状の回復・改善が期待できなくなった状態をいい、「症状固定」とも呼ばれます。

　そして、療養（補償）給付は、負傷や疾病が「治ゆ」（症状固定）するまで支給される一方で、症状固定後になお回復しない状態が残った場合は、その症状の程度に応じて、障害（補償）給付が支給されることになります。

2．労災保険給付の申請および時効

　労災保険給付の申請手続きは、労働者が、労働基準監督署に対して、必要書類を提出することで行います。労災保険給付の申請の主体は労働者であり、原則として使用者である企業ではありません。ただし、使用者は、事業主として手続きを行うことができるよう助力する義務があるとともに、労働者から保険給付を受けるために必要な証明を求められたときはすみやかに証明をしなければなりません（労災保険法施行規則23条）。

　各保険給付には、消滅時効が設けられており、一定期間を経過すると各給付を受ける権利が消滅します。上記の給付のうち、療養（補償）給付、休業（補償）給付、介護（補償）給付、葬祭料は、権利を行使できるときから2年、障害（補償）給付、遺族（補償）給付は、権利を行使できるときから5年で、それぞれ時効消滅します（労災保険法42条1項）。

Q02 会社が加入しなければならない労災保険の対象となるのは、どのような労働者でしょうか。

A.

労災保険法上の「労働者」（事業に使用される者で、賃金を支払われる者）に該当すれば、アルバイトやパートタイマー等の雇用形態に関係なく、原則として労災保険の対象となります。また、労災保険法上の労働者に該当しない場合でも、一定の類型の事業従事者には、特別加入の制度があります。

解説

労災保険法の適用を受ける「労働者」は、職業の種類のいかんを問わず、労災保険法の適用を受ける事業に使用される労働者で、賃金を支払われる者をいうと解されています。これは、労働基準法上の「労働者」の概念と同義で、使用従属関係にある者を意味します。

また、労災保険法の適用を受ける事業とは、一部の例外を除き、労働者を使用するすべての事業です（労災保険法3条1項）。したがって、企業が雇用している従業員については、正社員、アルバイト、パートタイマー等の雇用形態に関係なく、基本的には労災保険法の適用を受ける労働者に該当します。

一方で、上記の「労働者」に該当しない場合、原則として、労災保険制度の対象とはなりません。もっとも、中小事業主、一人親方といった一定の類型の業務従事者に対しては、一定の要件のもと、労災保険に特別に加入することができる特別加入制度があります（労災保険法33条～38条）。この制度は、労働者には該当しない場合であっても、業務実態や災害の発生状況に鑑みて、労働者に準じて保護しようとするものであり、手続きを行うことによって、労災保険給付の支給対象となります。

なお、後記Q03のとおり、近年特別加入制度の対象者は、士業等や、フリーランスにも拡大しており、保護の充実化がはかられています。

Q03 フリーランスの個人事業主は、労災保険の加入対象となる可能性はないのでしょうか。

A.

　一定の要件を満たすフリーランスの個人事業主については、労災保険に特別に加入することができる「特別加入制度」の適用の余地があります。

解説

　労災保険制度は、労働者の業務災害または通勤災害に対して保険給付を行うものであり、たとえば、自営業者などの労働者以外の者については、原則として労災保険制度の適用はありません。もっとも、労働者に該当しない場合でも、一定の要件を満たす者について労災保険に特別に加入することができる「特別加入制度」があります（労災保険法33条）。特別加入できる者の範囲は、中小事業主等（同条1号）、一人親方等（同条3号）、特定作業従事者（同条5号）、海外派遣者（同条7号）の4類型に分かれています。

　このうち、フリーランスの個人事業主については、近年、特別加入制度の対象となる範囲が拡大しています。たとえば、令和3（2021）年9月1日より、自転車を使用して貨物運送事業を行ういわゆる自転車配達員が特別加入制度の対象となりました（労災保険法施行規則46条の17第1号）。また、同じ時期に、ITコンサルタントやシステムエンジニア、プログラマー等いわゆるITフリーランスと呼ばれる個人事業主も特別加入制度の対象となりました（同施行規則46条の18第8号）。

　なお、その後も特別加入制度の対象は拡大しており、令和4年4月1日にあん摩マッサージ指圧師、はり師またはきゅう師が、同年7月1日には歯科技工士が対象に追加されました。さらに、令和6年4月時点においては、厚生労働省労働政策審議会の労働条件分科会労災保険部会で特別加入制度の対象となるフリーランスの範囲の更なる拡大が検討されており、今後の動向を注視していく必要があります。

Q04 海外の支店で勤務する従業員について労災保険は適用されるのでしょうか。

A.

　海外の支店で勤務する従業員は、原則として労災保険の対象となりませんが、いわゆる海外派遣者として特別加入の申請を行った場合は、労災保険の適用対象となります。

解説

　労災保険は、本来は国内の事業場に適用され、国内で就労する労働者が給付の対象となる制度です。そのため、海外の事業場で就労する労働者は原則として労災保険の対象となりません。

　もっとも、海外支店への転勤等により、国内の事業場で就労していた従業員が、海外で行われる事業に従事させるために派遣される場合、いわゆる海外派遣者として特別加入制度の対象となります（労災保険法33条7号）。

　すなわち、日本国内で行われる事業から派遣されて海外支店、工場、現場、現地法人、海外の提携先企業等海外で行われる事業に従事する労働者は海外派遣者に該当し（昭和52年3月30日労働省発労徴21号・基発192号）、特別加入の申請手続きを行うことにより（同法36条）、労災保険の適用を受けることができます。

　逆にいえば、海外派遣者は、特別加入の手続きを行っていない場合は、海外において業務災害または通勤災害が起こったとしても、労災保険の適用を受けることができないことになります。

　したがって、企業としては、従業員が転勤等により海外派遣者となる場合、特別加入の申請を行うかどうかに留意する必要があります。

　なお、単に労働の提供の場が海外にあるにすぎない、いわゆる海外出張者の場合は、海外派遣者とは異なり、何らの手続きを必要とせず、労災保険の適用の対象となります。詳細については**Q05**を参照ください。

Q05 海外出張者は労災保険が適用されるのでしょうか。

A.

　海外出張者の場合、海外派遣者とは異なり、何らの手続きを必要とせず、労災保険の適用の対象となります。

解説

　前記**Q04**の海外派遣者とは異なり、いわゆる海外出張者の場合、特別加入等の手続きを必要とせず、労災保険の適用の対象となります。

　行政解釈によれば、「海外出張者」とは、単に労働の提供の場が海外にあるにすぎず、国内の事業場に所属し、その事業場の使用者の指揮に従って勤務する労働者である一方、「海外派遣者」とは、海外の事業場に所属して、その事業場の使用者の指揮に従って勤務する労働者になります（昭和52年3月30日労働省発労徴21号・基発192号）。厚生労働省が提供している「リーフレット[4]」には、具体例として下記の業務があげられています。

【海外出張の例】

◆商談

◆技術・仕様などの打合わせ

◆市場調査・会議・視察・見学

◆アフターサービス

◆現地での突発的なトラブル対処

◆技術習得などのために海外に赴く場合

【海外派遣の例】

◆海外関連会社（現地法人、合弁会社、提携先企業など）へ出向する場合

◆海外支店、営業所などへ転勤する場合

4　厚生労働省『労災保険　特別加入制度のしおり〈海外派遣者用〉』6頁。

◆海外で行う据付工事・建設工事（有期事業）に従事する場合（統括責任者、工事監督者、一般作業員などとして派遣される場合）

このような海外出張者と海外派遣者の違いは、海外で勤務する労働者に業務災害が発生し、かかる労働者が特別加入手続きを行っていない場合に特に問題となりえます。なぜなら、特別加入の手続きが不要な海外出張者に該当するのであれば、問題なく労災保険の保護が受けられる一方で、海外派遣者に該当すると特別加入の手続きを行っていないため、労災保険の保護が受けられないからです。

この点、裁判例は、上記行政解釈の観点を踏まえたうえで、「当該労働者の従事する労働の内容やこれについての指揮命令関係等の当該労働者の国外での勤務実態を踏まえ、どのような労働関係にあるかによって総合的に判断される」との基準を示しています[*5]。

そのうえで、国・中央労基署長（日本運搬社）事件は、労働者の所属、地位、権限、出張についての内部的な取扱い、賃金支払いの主体、労務管理の主体、業務の内容、労災保険料の支払い等の諸事情を考慮して、海外出張者に該当すると判断しました。

他方、国・中央労基署長（クラレ）事件は、①当該労働者の所属部門が独立した事業に該当するか、②労務管理における出向先と労働者との関係、③業務上の指揮命令における出向先と労働者との関係、④労務管理および業務上の指揮命令における出向元と労働者との関係の4つの要素に分けて労働者の勤務実態を検討し、結論として海外出張者に該当しないと判断しました。

以上のように、海外出張者か海外派遣者のいずれに該当するかは、最終的には裁判所の総合的な判断に委ねられる面があるため、労働者を海外業務に従事させる企業としては、当該労働者の勤務の実態を踏まえて、特別加入の手続きを勧めるかどうか慎重に検討する必要があります。

5　国・中央労基署長（日本運搬社）事件（東京高判平28.4.27労判1146号48頁）、国・中央労基署長（クラレ）事件（東京地判令3.4.13労判1272号43頁）。

Q06 仕事中に、現場の他企業の労働者のミスにより当社の労働者が怪我をしました。労働者にはどのような補償がされるのでしょうか。

A.

　業務遂行性および業務起因性が認められる限り、労働災害として、国からの補償が認められます。もっとも、第三者行為災害として、行為者に対して、国が補償を求める可能性があります。

解説

　業務災害とは、使用者の責めに帰すべき事由が存在しているかどうかを問わず、業務遂行性と業務起因性が認められれば認定され、給付が行われることになります。本設問でも、業務時間中に、業務に関連して怪我をしていることからすれば、業務災害と認められる可能性が高いと思われます。

　問題は、この業務災害が、他の企業の労働者によって引き起こされている点です。この場合、被害者となった労働者は、行為者である他の企業の労働者に対する不法行為責任（民法709条）および当該他の企業に対する使用者責任（民法715条）を追及できることになります。この損害賠償請求は、業務災害との関係ではどのように考えればよいでしょうか。

　この点、労災保険法においては、政府が、被災した労働者に給付を行った限度で、当該労働者が第三者に対して有する損害賠償請求権を取得し、第三者に求償を求めることができるとされています。また、被災した労働者が第三者から先に損害賠償金を受け取った場合には、その限度で労災の給付がなされないこととなります（労災保険法12条の4）。もっとも、上記の不法行為責任および使用者責任に基づく損害賠償請求権には、「被害者又はその法定代理人が損害及び加害者を知った時から」3年間（人の生命または身体を害する不法行為による損害賠償請求権の場合には5年間）で消滅時効が成立するため、災害発生後3年間（5年間）になされる給付についてのみ、国は求償を行います。[*6]

また、被災した労働者が労災申請と並行して第三者に対する損害賠償請求を行い、労災給付の支給決定が下りる前に、第三者と示談し、示談金を得るケースもあります。こうした示談が真正に成立し、損害の全部の填補を目的としているものと認められる場合には、保険給付は行われないため、注意が必要です。[*7]

6　昭和41年6月7日基発610号、昭和52年3月30日基発192号。
7　昭和38年6月17日基発687号。

Q07 会社の業務がきつくてうつ病になってしまい、休職を経て退職したのですが、その後に、労災の給付決定が下りました。労災であれば、会社に戻ることは可能でしょうか。

A.

　労災であれば、療養中は解雇することができないため、休職期間満了による退職は無効となり、会社に戻ることになります。

解説

1．労災による解雇の制限

　労働契約において、労働者は、使用者に使用されて労働することが契約内容となっているところ（労働契約法6条）、従業員が病気になり、労働できないような場合、労働者は労働契約上の債務不履行となり、相手方当事者である使用者が労働契約を解除（つまり、解雇）できることになります。

　しかし、会社の業務が原因で病気になった場合にまで、このような解雇を行うのは労働者の保護に欠けると考えられたことから、労働基準法は、労働者が業務上負傷し、または疾病にかかり療養のために休業する期間、およびその後30日間については、使用者が解雇することを禁止しました（労働基準法19条）。

2．休職制度による退職

　これに対し、多くの企業で定められている休職制度は、本来、業務外の傷病によって労働できなくなった場合の制度です。すなわち、業務外の傷病によって労働できなくなった場合には、前述した労働基準法19条の適用がないため、原則に戻って、使用者が労働者を解雇することが可能となりますが、休職を発令した場合には、休職期間が満了するまでは解雇を猶予し、休職期間が満了するにもかかわらず労働できる状態に戻らなかった場合に解雇（ないし退職扱い）をするという制度となります。

　もっとも、業務上の災害か、業務外の傷病なのかについては、傷病が発生

した時点で直ちにわかるわけではなく、特に業務災害かどうかについては、基本的に労働基準監督署の判断を待つ必要があります。そのため、企業の実務においては、業務上か業務外かにかかわらず、従業員が傷病を発生した場合には、まずは休職制度を適用するというのが、原則的な対応となっています。

3．休職期間満了退職後の労災認定

それでは、会社において休職制度を適用し、休職期間満了により退職した後に、労災認定が下りた場合には、どのようになるのでしょうか。この点、裁判例は、長時間労働が続いた結果うつ病にり患した従業員に対し、会社が休職を発令し、休職期間満了によって退職した後、労災認定がなされた事案において、休職期間満了による退職取扱いは、労働者が業務上の疾病にかかり療養のために休業していた期間にされたものであって、無効であると判断しました。[8]

---

8 アイフル・旧ライフ事件（大阪高判平24.12.13労判1072号55頁）。

Q08 労働者が労働基準監督署に労災給付を申請したものの、労基署の調査の結果、不支給との決定がなされました。決定に不服がある労働者は、どのような手続きが可能でしょうか。

A.
　審査官に対する審査請求、さらには、審査会に対する再審査請求が可能です。

解説

1．労働者災害補償保険審査官に対する審査請求

　業務災害の保険給付に係る決定に不服がある場合、まず、労働者災害補償保険審査官（以下、「審査官」という）に対し、審査請求をすることになります（労災保険法38条）。審査官は、厚生労働大臣が任命し、各都道府県労働局に置かれています（労働保険審査官及び労働保険審査会法（以下、「法」という）2条の2、3条）。また、審査官には、原決定に関与していない者等、利害関係のない者が就任することになります（法7条）。

　決定に不服のある労働者は、原処分のあったことを知った日の翌日から起算して3か月を超えるまでの間に、口頭または書面により、審査請求を行うことができます（法8条、9条）。なお、労災給付の決定は、労働者が国に対して申請し、決定を受けるものであるため、その結果に対し、使用者が直接に不服を申し立てることはできないとされています。

　審査請求がなされると、審査官は、審査請求人や参考人から話を聞いたり、証拠資料の収集、鑑定、事業主の帳簿等の検査、医師の診断等を行います。また、審査請求をした労働者も、意見陳述や原処分をした行政庁に対する質問、証拠の提出を行うことができます（法13条の3、15条）。さらに、審査請求中は、提出された資料等を閲覧することも可能です（法16条の3）。

　審査官は、審査の結論が出た場合に、書面で決定を通知します（法18条、19条）。審査請求の申立てから決定までは、以前はかなり長い時間がかかっ

ていたこともありましたが、現在では、審査請求をした日から3か月を経過
しても審査請求についての決定がなされない場合には、審査請求をした労働
者は、審査官が審査請求を棄却したものとみなすことができるとされ（労災
保険法38条2項）、労働者は次のステップに進むことができるようになって
います。

2. 労働保険審査会に対する再審査請求

　労働者は、審査官が下した決定に不服がある場合には、さらに労働保険審
査会（以下、「審査会」という）に対して、再審査を請求することも可能で
す（労災保険法38条）。審査会は厚生労働省の所轄のもとに設置され、衆参
両議院の同意を得て、厚生労働大臣によって9名の委員が任命されます。

　再審査請求においては、審査会が審理の期日および場所を定め（法42
条）、原則として公開の場で審理が行われます（法43条）。再審査請求におい
ても審査会は、審査請求における審査官と同様に、再審査請求人や参考人か
ら話を聞いたり、証拠資料の収集、鑑定、事業主の帳簿等の検査、医師の診
断等を行うことができ、また、再審査請求人も、審査請求におけるのと同
様、意見陳述や原処分をした行政庁に対する質問、証拠の提出、提出された
資料等の閲覧等を行うことができます（法45条〜47条、50条）。

Q09 再審査請求においても、認定が覆らなかった場合、労働者は裁判所に処分の取消しを求めることはできますか。また、使用者は、労災認定処分の取消しを求めることは可能でしょうか。

A.

　労働者は、裁判所に認定の取消しを求めることができます。また、使用者も、労災保険料の認定決定について、裁判で争える可能性があります。

解説

1．労働者による裁判所に対する行政処分の取消し訴訟

　Q08で解説したとおり、労災の不支給決定処分について不服がある労働者は、審査官と審査会の2回にわたって不服申立てを行うことができますが、再審査請求にかかる審査会の判断にも不服である場合には、さらに裁判所に訴訟を提起することが考えられます。労災給付の決定は、国による行政処分であるため、不服がある労働者は、処分の取消しを求めて、裁判所に訴訟を提起することができるのです。

　この点、以前は、審査会による再審査請求の裁決を経た後でなければ訴訟提起できないとされていましたが、平成26（2014）年に、再審査請求を行わなくても取消しの訴えを提起することができることになりました。これにより、労働者は、審査請求を行ってから最短3か月で、訴訟提起することができることになりました。

　行政事件訴訟は、通常の訴訟手続きと同様、三審制がとられているため、ここでも労働者は、訴訟提起後、3回の審理を受けることが可能となります。

　以上のとおり、労災給付の決定については、審査請求、再審査請求、さらに訴訟提起（三審）と、合計で5回の審理を受けることが可能となっています。そのため、最終的な処分の是非が決まるまで、長期間にわたることもあります。

２．使用者による労災認定をめぐる訴訟提起の可否

　労災申請による支給決定については、基本的に保険者である国が労働者に対して支給するものであるため、使用者は関係者ではありません。そのため、使用者が労災給付の支給決定に不満を抱いていたとしても、この決定を取り消すように求めることはできないというのが原則となります。

　その一方で、労災の支給決定がなされた場合、使用者が納付する労災保険料に影響が出ます。すなわち、労災保険料の算定方法においては、過去３年間の給付額によって保険料率が変動する仕組みとなっており（いわゆるメリット制）、そのため、労災給付の支給決定が下りた場合に、使用者は労災保険料が増額するという不利益を被ることになります。

　この不利益を解消するために、使用者が、保険料の認定決定を争うことができるのか、さらには、争う中で、おおもとの労災給付の支給決定についても争うことができるかが議論となっています。この点について裁判例は分かれており、まだ最高裁の判断が出ている状況ではありませんが、2022年12月13日に厚生労働省の「労働保険徴収法第12条第３項の適用事業主の不服の取扱いに関する検討会」が出した報告書においては、以下のような検討結果が示されています。

◆労災保険給付支給決定に関して、事業主には不服申立適格等を認めるべきではない

◆事業主が労働保険料認定決定に不服を持つ場合の対応として、当該決定の不服申立等に関して、以下の措置を講じることが適当

－労災保険給付の支給要件非該当性に関する主張を認める

－労災保険給付の支給要件非該当性が認められた場合には、その労災保険給付が労働保険料に影響しないよう、労働保険料を再決定するなど必要な対応を行う

－労災保険給付の支給要件非該当性が認められたとしても、そのことを理由に労災保険給付を取り消すことはしない

　これによれば、使用者は、労働者に対する労災保険給付の支給決定そのものについては争うことはできませんが、労災保険料の認定決定については裁

判所で取消しを求めることができ、その裁判の中で、労災給付の支給決定が不当であることを主張することも可能です。ただ、仮に労災保険料の認定決定が取り消され、その判決の中で労災保険給付が要件を満たしていない等の判断がなされたとしても、労働者に対する労災保険給付は取り消されずにそのまま支給が続けられることになります。

このように、使用者は、労災保険料の認定に関して、間接的に労災給付の支給決定について争うことが可能となりました。これはあくまでも労災保険料に関する裁判についてですが、その判決の中で労災給付の支給要件に該当しないという判断が示された場合、労働者から使用者に対して行われる安全配慮義務違反に基づく損害賠償請求訴訟においては、業務と損害との因果関係がないことを裏づける資料として、事実上、大きな影響力を有することになると思われます。

Q10 仕事が重なり、残業が続いていた従業員が倒れて病院に運ばれました。心筋梗塞とのことですが、どの程度残業したら労災になるのでしょうか。

A.

　発症前6か月間の勤務状況、発症1週間前の特に過重な労働、発症直前の異常な出来事の有無から判断されます。

解説

1. 過重労働による災害発生

　わが国では、従来より、長時間労働が慣行として広く行われており、その結果、脳出血や心筋梗塞等の虚血性心疾患を発症し、障害を負ったり、死亡したりするケースが出ており、「過労死」として社会問題となっていました。こうした状況を受け、2018年に働き方改革関連法が成立し、労働基準法において時間外労働の上限が法律上明記されるなど、対策がとられるようになりましたが、現在においても、こうした脳・心臓疾患による災害は一定程度発生しています。[*9]

2. 脳・心臓疾患に対する労災認定基準

　脳・心臓疾患のうち、業務上の疾病とされるのは、「長期間にわたる長時間の業務その他血管病変等を著しく増悪させる業務による脳出血、くも膜下出血、脳こうそく、高血圧性脳症、心筋梗塞、狭心症、心停止（心臓性突然死を含む）若しくは解離性大動脈瘤又はこれらの疾病に付随する疾病」です。[*10]

　この脳・心臓疾患が労災認定される基準について、厚生労働省は、「血管病変等を著しく増悪させる業務による脳血管疾患及び虚血性心疾患等の認定基準について」を定めています。[*11]

9　厚生労働省の令和4年度「脳・心臓疾患に関する事案の労災補償状況」によれば、令和4（2022）年度において、脳・心臓疾患に対して労災支給決定がなされたのは194件、うち死亡も54件あります。

10　労働基準法75条2項、同法施行規則35条、同別表1の2第8号。

この認定基準によれば、脳・心臓疾患は、その発症の基礎となる動脈硬化等による血管病変または動脈瘤、心筋変性等の基礎的病態が、長い年月の生活の営みの中で徐々に形成、進行および増悪するといった自然経過をたどり発症するものであるところ、業務による明らかな過重負荷が加わることによって、血管病変等がその自然経過を超えて著しく増悪し、脳・心臓疾患が発症する場合に、業務に起因する疾病として取り扱うことになり、労働時間の長さ等で表される業務量や、業務内容、作業環境等を具体的かつ客観的に把握し、総合的に判断されることになるとされています。

この「過重負荷」の具体的な内容について、認定基準においては、

①発症前の長期間にわたって、著しい疲労の蓄積をもたらす特に過重な業務に就労したこと

②発症に近接した時期において、特に過重な業務に就労したこと

③発症直前から前日までの間において、発生状態を時間的および場所的に明確にしうる異常な出来事（以下、「異常な出来事」という）に遭遇したこと

の3点から判断しています。

(1) 発症前の長期間にわたる過重な業務

この場合の長期間とは、基本的には発症前おおむね6か月間をいいますが、6か月より前の業務についても付加的要因として考慮することがあります。また、過重性の要件として、最も重要な要素となる労働時間については、発症前1か月間ないし6か月間にわたって、1か月当たりおおむね45時間を超える時間外労働が認められない場合は、業務と発症との関連性が弱いが、おおむね45時間を超えて時間外労働時間が長くなるほど、業務と発症との関連性が徐々に強まり、発症前1か月間におおむね100時間または発症前2か月間ないし6か月間にわたって、1か月当たりおおむね80時間を超える時間外労働が認められる場合は、業務と発症との関連性が強いと評価できるとしています。

---

11 令和3年9月14日基発0914第1号。

そのほか、拘束時間の不規則性、出張等の事業場外における移動を伴う業務、心理的負荷や身体的負荷を伴う業務、温度や騒音といった就労環境が考慮要素としてあげられています。

　(2) 発症に近接した時期の過重な業務

　ここでの「近接した時期」とは、発症前おおむね1週間をいい、その中に前記①で記載したような要素を考慮することになりますが、労働時間については、発症直前から前日までの間に特に過度の長時間労働が認められる場合や、発症前おおむね1週間継続して深夜時間帯に及ぶ時間外労働を行うなど過度の長時間労働が認められる場合等（手待時間が長いなど特に労働密度が低い場合を除きます）が該当することになります。

　(3) 発症直前の異常な出来事

　「異常な出来事」とは、当該出来事によって急激な血圧変動や血管収縮等を引き起こすことが医学的に見て妥当と認められる出来事であり、

◆極度の緊張、興奮、恐怖、驚がく等の強度の精神的負荷を引き起こす事態

◆急激で著しい身体的負荷を強いられる事態

◆急激で著しい作業環境の変化

があげられています。また、発症直前とは、発症直前から前日までの間を指します。

Q11

「うつ病」との診断書を提出し欠勤を始めた従業員が、会社に対し、労働時間が長すぎた、上司のパワハラがあったなどと主張し、労災申請をするように求めています。こうした精神疾患の場合に、労災はどのように判断されるのでしょうか。

A.

発症前6か月間に生じた出来事のストレスの度合いを評価し、業務災害に該当するか判断します。

解説

1. 精神疾患による欠勤

従業員が、「うつ病」「適応障害」といった診断書を提出して欠勤してしまうケースは年々増えており、いまやどの企業でも、精神疾患で欠勤したり休職するケースが見られるようになりました。また、こうした精神疾患は、職場におけるさまざまなストレスを要因として発生することも多く、精神疾患で労災の支給決定がなされることも、年々増加傾向にあります。中には自殺に至ってしまうケースもあり、非常に深刻な状況といえます。[12]

2. 労災認定の対象となる疾病

精神疾患のうち、業務上の疾病とされるのは、「人の生命にかかわる事故への遭遇その他心理的に過度の負担を与える事象を伴う業務による精神及び行動の障害又はこれに付随する疾病」です。[13]業務上の疾病に該当するか否かを判断する基準として、厚生労働省は、「心理的負荷による精神障害の認定基準」を定めています。[14]ここでは、上記「業務上の疾病」について、国際疾病統計分類第10回修正版（ICD-10）第Ⅴ章「精神および行動の障害」に分

---

12 厚生労働省の令和4年度「脳・心臓疾患に関する事案の労災補償状況」によれば、令和4年度において、精神疾患に対して労災支給決定がなされたのは710件、うち自殺（未遂）も67件あります。
13 労働基準法75条2項、同法施行規則35条、同別表1の2第8号。
14 令和5年9月1日基発0901第2号。https://www.mhlw.go.jp/content/001140931.pdf

類される精神障害（器質性のもの、および有害物質に起因するものを除く）を指すとしています。

３．労災の認定基準

　上記通達においては、精神疾患が労災認定される要件は、以下のように定められています。

①対象疾病を発病していること

②対象疾病の発病前おおむね６か月の間に、業務による強い心理的負荷が認められること

③業務以外の心理的負荷および個体側要因により対象疾病を発病したとは認められないこと

　そのうえで、通達では、環境由来のストレスと、個体側の反応性、脆弱性との関係で精神的破綻が生じるかどうかが決まり、心理的負荷が非常に強ければ、個体側の脆弱性が小さくても精神的破綻が起こり、脆弱性が大きければ、心理的負荷が小さくても破綻が生ずるとする「ストレス─脆弱性理論」に依拠し、職場で起こりうるさまざまな出来事ごとに、ストレス度合いに応じた強度を定め、労災認定の一助としています。

　特に問題となるのは、上記②の「業務による強い心理的負荷」ですが、これについて通達では、①事故や災害の体験、②仕事の失敗、過重な責任の発生等、③仕事の量・質、④役割・地位の変化等、⑤パワーハラスメント、⑥対人関係、⑦セクシャルハラスメントといったカテゴリーごとに、さらに細かく具体的な出来事を区別し、それぞれの出来事のストレス度合いを三段階で分類しています。さらに、それぞれの出来事の中で、ストレス度合いが「弱」「中」「強」となる出来事を列挙しています。そのうえで、具体的な出来事のいずれかにおいて「強」と判断できるような事情があれば、その時点で「業務による強い心理的負荷」の存在を認定します。また、「強」と判断できる出来事がなくても、「中」の評価が複数存在する場合には、総合的に判断して「強」と評価することもあります。

　なお、「業務による強い心理的負荷」の存在については、発症前おおむね

6か月間の事情が考慮されるのが原則ですが、ハラスメント等、継続して行われているものがある場合には、6か月にとどまらず、開始時からのすべての事情を考慮することになります。

Q12 石綿（アスベスト）のばく露により病気になった場合の、労災認定基準はどのようなものでしょうか。

A.

石綿肺など一定の症状が確認できることや、石綿（アスベスト）にばく露する作業に一定期間従事している場合に、労災と判断されることになります。最高裁の判決を経て、国による給付金も認められることになりました。

解説

1．石綿（アスベスト）による被害

石綿（アスベスト）とは、天然に産する繊維状けい酸塩鉱物です。以前はビル等の建築工事において、保温断熱の目的で石綿を吹き付ける作業が行われていましたが、こうした作業の際、作業した労働者が石綿を吸入したり、周囲に飛び散った石綿にばく露し、さまざまな健康被害を生じることが判明したため、現在では原則として使用を中止しています（ただ、その場合でも古い建物を取り壊す場合等に、石綿にばく露するおそれがあります）。

この石綿による健康被害は、長い潜伏期間を経て発症するのも特徴の一つであり、そのため、使用を禁止した後になって、石綿被害を訴える人が出て社会問題化し、政府も2006年に石綿健康被害救済法を制定し、労災補償では救済されない被害者や遺族に対する補償を行っています。

2．石綿（アスベスト）によって引き起こされる傷病

石綿（アスベスト）によってどのような傷病が引き起こされるのか、すべてが判明しているわけではありませんが、主として、①石綿肺（じん肺）、②肺がん、③悪性中皮腫があげられています。[*15]

◆石綿肺（じん肺）：肺が線維化してしまう肺線維症（じん肺）という病気

---

15 厚生労働省ホームページ。https://www.mhlw.go.jp/stf/seisakunitsuite/bunya/koyou_roudou/roudoukijun/sekimen/topics/tp050729-1.html

の一つで、職業上アスベスト粉塵を10年以上吸入した労働者がなり、潜伏期間は15～20年といわれています

◆肺がん：肺がんが発生する原因はまだ明確になっていませんが、肺細胞に取り込まれた石綿繊維の主に物理的刺激により肺がんが発生するとされており、潜伏期間は15～40年といわれています

◆悪性中皮腫：肺を取り囲む胸膜、肝臓や胃などの臓器を囲む腹膜、心臓および大血管の起始部を覆う心膜等にできる悪性の腫瘍で、潜伏期間は20～50年といわれています

3．石綿（アスベスト）による労災の認定基準

石綿（アスベスト）の労災の認定基準については、症状ごとに詳細な基準が設けられています[16]。

◆石綿肺：じん肺法に定めるじん肺法管理区分４に該当する石綿肺または石綿肺に合併した肺結核・結核性胸膜炎・続発性気管支炎・続発性気管支拡張症・続発性気胸・原発性肺がんが見られるもの

◆肺がん：石綿ばく露労働者に発症した原発性肺がんであって、一定期間ばく露作業に従事しており、かつ石綿（アスベスト）に関連する一定の症状が見られるもの

◆悪性中皮腫：石綿ばく露労働者に発症した胸膜、腹膜、心膜または精巣鞘膜の中皮腫であって、石綿肺の所見が得られている、または石綿ばく露作業の従事期間が１年以上あるもの

4．国による給付金

石綿（アスベスト）による被害については、労働者を使用していた企業だけではなく、国に対しても、適正な規制をかける義務を怠っていたとして、損害賠償請求訴訟が提起されていたところ、最高裁は、国の責任を認める判決を下しました[17]。

---

16 厚生労働省「石綿による疾病の認定基準について」。https://www.mhlw.go.jp/new-info/kobetu/roudou/gyousei/rousai/dl/061013-4c.pdf

これを受け、2021年6月9日に「特定石綿被害建設業務労働者等に対する給付金等の支給に関する法律」が成立し、被害を受けた労働者に対する給付金等による損害の填補がはかられることになりました。

17　最判令3.5.17民集75巻5号1359頁。

Q13 従業員が出張中に宿泊先のホテルで転倒して亡くなった場合、労災認定してもらえるのでしょうか。

A.

出張中でも業務遂行性は認められるうえ、業務に内在・随伴して生じた事故であれば、労災認定される可能性があります。

解説

1．業務遂行性と業務起因性

労働者が何らかの事故によって傷病を発症した場合、それが「業務上」の災害、つまり労災といえるかどうかについては、通常、「業務遂行性」と「業務起因性」の2つの要素から判断されます。このうち、「業務遂行性」とは、当該事故が、「事業主の支配ないし管理下にある中で」発生したかを判断する要素です。

一方、「業務起因性」とは、当該事故が業務によって発生しているかどうかを判断する要素となるものですが、これが認められるためには、業務と当該事故の間に、相当因果関係が存在することが必要であり、さらにその相当因果関係は、「業務に内在ないし随伴する危険が現実化したかどうか」という観点で判断されます。[18]

2．出張中の業務遂行性

出張に行く場合、業務に従事している時間もありますが、通常はそれ以外にも、移動、食事、宿泊といった、業務そのものとはいえない時間帯もあり、こうした時間帯について、そもそも事業主の支配ないし管理下にあったといえるかが問題となります。

これについては、一般的には、私的な行為が含まれるとしても、出張した

---

18 地公災基金東京都支部長（町田高校）事件（最判平8.1.23労判687号16頁）。

以上は当然に業務に随伴するものであり、業務遂行性が認められるといわれています。裁判例においても、出張先で宿泊施設で夕食と飲酒をし、その後就寝した従業員が、宿泊施設の階段で転倒した事案において、裁判所は、上記飲酒が、「出張先の宿泊施設内において互いの慰労といささかの懇親の趣旨で夕食とともに飲酒したもの」であって、「宿泊中の出張者が、事業者に対して負う出張業務についての包括的な責任を放棄ないし逸脱した態様のものに至っているとは認められない」と判示し、業務遂行性を肯定しました。[19]

3．転倒と業務起因性

業務遂行性が認められる場合、自然現象や外部からの力、本人の業務を逸脱した行動、規律違反といった行動でなければ、基本的には業務起因性も認められることが多く見られます。上記**2.**で紹介した裁判例においても、従業員がトイレなどに行った後に部屋に戻ろうとしたところで足を踏み外したものと思われ、業務とまったく関連のない私的行為や恣意的行為ないしは業務遂行から逸脱した行為によって自ら招来した事故といえるような事情もないとして、業務起因性を認めています。

他方、出張中の従業員が、出張先の会社の従業員有志で行われた会合に参加して飲酒し、その後宿泊先で入浴、外出し、川へ落ちて転落死したという事案において、裁判所は、上記会合への参加は業務遂行性が認められず、その後の行動も業務との関連のない、自己の意思に基づく私的行為であると判断し、業務起因性を否定しました。[20]

19 大分労基署長（大分放送）事件（福岡高判平5.4.28労判648号82頁）。
20 立川労基署長（東芝エンジニアリング）事件（東京地判平11.8.9労判767号22頁）。

Q14 業務時間終了後、会社主催の飲み会に参加した際の怪我については、労災認定がされるものでしょうか。

A.

　基本的には業務上の災害ではないと考えられますが、飲み会の目的、費用負担、強制か否か等の諸事情によっては、業務上の災害と認められる可能性もあります。

解説

1. 業務終了後の飲み会の業務遂行性

　飲み会といえば、業務時間外に行われるのが通常ですので、事業主の支配ないし管理下にあるとはいえず、業務遂行性は認められないのが通常かと思います。

　もっとも、忘年会であっても、会社が主催し、全員参加が義務づけられているといった場合でも業務遂行性は認められないのでしょうか。

　裁判例には、忘年会が会社主催で費用も会社が負担していたものの、従業員の慰労や親睦を深めることが目的で、仕事の打ち合わせ等が目的ではなく、できるだけ参加するようにと勧めたものの参加するよう業務命令をしたわけでもなかったという事案において、その目的等より、業務遂行性を否定し、また、本来の職務およびこれと密接な関係を有する行為でもないとして業務起因性も否定した事案があります。[21]

　これに対し、銀行が勤務時間外に、預金増強のための決起大会を開いた料理屋の階段から銀行員が転落死亡した事故について、裁判所は、決起大会が銀行の業務に関連したものであることは明白であり、大会への出席は任意ではなく、事実上業務命令とも同視しうるものであるとして、業務上の事故であると判断しました。[22]

21　福井労基署長（足羽道路企業）事件（福井地判昭57.5.28労民集33巻3号461頁）。
22　太陽神戸銀行四街道支店事件（千葉地佐倉支判昭58.2.4労判406号58頁）。

こうした裁判例からすると、業務終了後の飲み会の業務遂行性について
は、主催者が誰か、目的、費用、参加の強制の有無といった諸事情により、
総合的に判断されると考えられます。

２．業務とまったく無関係とはいえない飲み会の業務遂行性

　これに対し、業務との関係がまったくないとはいえない場合には、慎重な
判断が求められます。裁判例には、テレビ局の下請会社のスタッフが中国ロ
ケに同行した際、ロケの許可を得るために、中国共産党の幹部と乾杯を繰り
返したところ、翌朝、吐しゃ物をのどに詰まらせて窒息死したという事案が
あります。労働基準監督署は、労働者が許可を取得するための中国側への働
きかけを行うという目的を達成できなくなるほどの飲酒をしていることを理
由に、私的な行為であったとして、業務上の災害と認めませんでしたが、裁
判所は、許可を得るだけでなく親睦を深めることも目的であったこと、乾杯
を避けることができる状況にはなかったことから、業務である本件中国ロケ
に内在する危険性が発現したとして、業務上の災害であると判断しています[*23]。

---

23 国・渋谷労基署長（ホットスタッフ）事件（東京地判平26.3.19労判1107号86頁）。

Q15 職場で同僚同士が殴り合いのけんかをして怪我をしました。この怪我には労災が適用されるのでしょうか。

A.
　業務遂行中のけんかによる怪我であれば、基本的に労災の適用が認められます。

解説

　職場では、時として意見の食い違い等により、従業員同士のけんかに発展することがあり、中には殴り合いになって従業員が怪我をすることがあります。こうしたけんかが業務とは関係ない出来事であることは間違いないところですが、労災は適用されるのでしょうか。

　これについて、厚生労働省は、「業務に従事している場合又は通勤途上である場合において被った負傷であって、他人の故意に基づく暴行によるものについては、当該故意が私的怨恨に基づくもの、自招行為によるものその他明らかに業務に起因しないものを除き、業務に起因する又は通勤によるものと推定することとする」として、基本的に業務起因性を肯定し、労災適用を認めているようです。[24]

　裁判例においても、建設現場で業務に従事していた従業員が、ベテランの作業員から強い口調で注意を受けたのに不満を抱き、作業員の背後から安全靴で蹴ったという事案において、暴行が職場での業務遂行中に行われたものである限り、業務に内在または随伴する危険が現実化したものと評価できるとし、私的怨恨や職務上の限度を超えた挑発的行為・侮辱的行為など業務とは関連しない事由によって発生した場合でない限り、業務起因性を肯定すること、具体的な判断においては、暴行が発生した経緯、労働者（被災者）と加害者との間の私的怨恨の有無、労働者（被災者）の職務の内容や性質（他

---

24 厚生労働省「他人の故意に基づく暴行による負傷の取扱いについて」平成21年7月23日基発0723第12号。

人の反発や恨みを買いやすいものであるか否か）、暴行の原因となった業務上の事実と暴行との時間的、場所的関係などが考慮されるとして、業務起因性を肯定しました[25]。また、別の裁判例には、ホテルで勤務していた従業員Ａ[26]が、調理をしていた従業員Ｂからウインナーの盛り付けを指示され、「やり方がわからない」と返答したところ、Ｂが「昨日も盛り付けをしていた」と指摘した直後に、突然背後から背中を蹴り、掴んで引っ張り床に引き倒し、負傷させたという事案において、上記の厚生労働省の基準の内容が合理的であるとしたうえで、業務時間中のＡの故意による暴行であり、業務起因性が推定されること、私的怨恨やＢの自招行為とは認められないことから、業務起因性を肯定したものがあります[27]。

　このように、業務時間中の暴行については、業務起因性が認められることが原則となりますが、例外的に業務起因性が否定された裁判例として、出漁中に、船長が船員の腹を包丁で刺したという事案において、その前に船長と当該船員が口論となり、当該船員が船長に暴言を吐いていたこと、船長がまだ未熟であるのを当該船員が他の乗組員の前で嘲笑・侮辱等を行っていたことからすると、業務とまったく関係がないとはいえないものの、船長に蓄積された憤懣（ふんまん）が一気に昂じて爆発的に起きた私的けんかの色彩が強いこと、船長が加害行為に及んだのはその前の当該船員の私的挑発行為によるものというべきであるとして、業務起因性を否定したものがあります[28]。

25　新潟労基署長（中野建設工業）事件（新潟地判平15.7.25労判858号170頁）。
26　Ａは当時統合失調症の治療のため通院中でした。
27　国・豊橋労基署長（丸裕）事件（名古屋地判令4.2.7労判1272号34頁）。
28　北海道知事（第八八宝来丸）事件（札幌地判平2.1.19労判560号54頁）。

Q16 通勤途中に交通事故で怪我をした場合、補償されるのでしょうか。

A.
　原則として企業の安全配慮義務は適用されませんが、労災保険法上の通勤災害が適用され、給付を受けられる可能性があります。

解説

1. 通勤災害に対する補償

　使用者が労働者に対して安全配慮義務を負うのは、労働契約上、使用者が労働者を指揮命令するため、その指揮命令の結果怪我をしたり病気になった場合には、その損害を賠償する責任があることによります。また、労働基準法上の災害補償も同様であり、業務上の傷病や疾病だからこそ、使用者に補償義務を定めていることになります。

　これに対し、通勤時間は、原則として使用者の指揮命令下になく、労働時間ではないとされているため、通勤途上で災害に遭ったとしても、労働基準法上の災害補償や使用者の安全配慮義務は問題となりません。

　しかし、通勤途中の事故や災害が増加していることや、通勤と業務が密接に関連していること、ILO条約でも通勤災害を保護の対象としていることから、昭和48（1973）年に労災保険法上に「通勤災害」の制度が設けられ、通勤途中の事故についても一定の補償が行われることになりました。

2. 通勤災害の要件

　通勤災害とは、「労働者の通勤による負傷、疾病、障害又は死亡」をいいます（労災保険法7条1項3号）。この場合の「通勤」とは、労働者が、「就業に関し」、次に掲げる移動を、「合理的な経路及び方法」により行うことを指します。

◆住居と就業の場所との間の往復

◆就業の場所から他の就業の場所への移動

◆単身赴任した労働者の実家から就業場所への移動

　これらの経路や方法を逸脱した移動や移動の中断中は、通勤とは認められませんが、日常生活において不可欠な日用品の購入、学校への送迎、選挙権の行使、病院の診察、介護などでやむをえない事由により行うための最小限度のものである場合は、そこから通常の経路に復帰した後は通勤に該当するとされています（以上につき、労災保険法7条、同法施行規則6条～8条）。裁判例には、1級身体障害者の認定を受けている義父の介護のため、勤務後の帰宅途中に義父宅に立ち寄り、介護を終えて帰宅する途中に交通事故に遭い脳挫傷などの災害を受けたという事案について、労災保険法施行規則8条1号の「日用品の購入その他これに準ずる行為」に該当し、介護後帰宅途中の通勤に当たるとしたものがあります[*29]。

❶「通勤による」

　「通勤による」とは、経験則上通勤と相当因果関係にあることとされます。通勤途上で交通事故に遭うというのが典型例です。その一方で、通勤途中に第三者に殺害されたとしても、通勤がたまたま犯行の機会として選ばれたにすぎない場合には、通勤の危険が現実化したとはいえず、「通勤による」には該当しないとされています[*30]。

❷「就業に関し」

　「就業に関し」とは、移動行為と業務との密接な関連性があることを意味しています。たとえば、業務終了後の組合活動やサークル活動は、社会通念上就業と帰宅との関連性を失わせるものでなければ、「就業に関し」ていると認められます。これに対し、業務終了後に管理職の会合に出席し、さらに55分程度懇親会を行って帰宅した途上での事故について、懇親会でも業務のことが話し合われ、費用が1人2000円にすぎないことにより、「就業に関し」ていると認めた裁判例もあれば、歓送迎会について、従業員の懇親を目

29　羽曳野労基署長事件（大阪高判平19.4.18労経速1985号8頁）。

30　大阪南労基署長事件（大阪高判平12.6.28労判798号7頁）。

31　大河原労基署長事件（仙台地判平9.2.25労判714号35頁）。

的としたものであること、参加は任意であり、費用は参加者より徴収されており、時間外手当等の支給がないとして、「就業に関し」ているとはいえないと判断した裁判例[32]もあるなど、事案によって判断が分かれています。

❸「合理的な経路及び方法」

　「合理的な経路及び方法」とは、移動の際に、一般に労働者が用いるものと認められる経路および手段をいい、通常用いられている経路だけでなく、合理的な代替経路・手段も含まれます[33]。裁判例の中には、業務終了後社外で飲食を行った後、いったん帰社してから帰宅した際の災害について、「合理的な経路及び方法」を逸脱していると判断した裁判例[34]があります。

3．通勤災害の補償給付の内容

　通勤災害の場合も、業務災害と同様の給付、すなわち、①療養給付、②休業給付、③障害給付、④遺族給付、⑤葬祭給付、⑥傷病年金、⑦介護給付がなされることになります（労災保険法22条～24条）。

32　中央労基署長事件（東京地判平21.1.16労経速2033号3頁）。
33　昭和48年11月22日基発644号。
34　中央労基署長事件（東京地判平2.10.29労民集41巻5号886頁）。

Q17 安全配慮義務違反は誰が証明する責任を負うのでしょうか。

A.

原告となる被災労働者またはその遺族において、使用者の安全配慮義務の内容を特定し、その義務違反に該当する事実を証明する責任を負うことになります。

解説

安全配慮義務について、労働契約法5条は「使用者は、労働契約に伴い、労働者がその生命、身体等の安全を確保しつつ労働することができるよう、必要な配慮をするものとする。」と定めており、使用者が労働契約上の安全配慮義務を負うことを明らかにしています。これは、判例上確立されてきた[35]概念を立法化したものです。

この安全配慮義務は、労働者の安全と健康それ自体を確保する結果債務ではなく、安全と健康を確保するために措置を講ずる手段債務と考えられています。そのため、会社側に結果発生の予見可能性がない場合や結果回避可能[36]性がない場合には、安全配慮義務違反は否定されることになります。なお、労働基準監督署から法令違反を指摘されていないことから安全配慮義務違反はないと会社側が主張した事案において、裁判例は、労基署から法令違反の[37]

35　公務員の事故について国の安全配慮義務を認めた判例として陸上自衛隊八戸車両整備工場事件
　　（最判昭50.2.25民集29巻2号143頁）。民間労働者について企業の安全配慮義務を認めた判例として
　　川義事件（最判昭59.4.10民集38巻6号557頁）。
36　予見可能性を否定した事例として、造船所香焼工場において作業員が作業中に火傷をして死亡し
　　た事案において、通常の手順で作業すれば火の粉などが作業服に飛散することはないとしたうえ
　　で、特に危険な作業ではなかったから作業服が燃え、火傷を負うことを予見することはできなかっ
　　たとして安全配慮義務違反を否定した裁判例（長崎地判平22.4.13労経速2071号27頁）があります。
37　松村組事件（大阪地判昭56.5.25判タ449号153頁）。

指摘を受けていないことは安全配慮義務違反がないことの理由にはならないと判示しています。

　安全配慮義務の具体的な内容については、実務上、労働安全衛生関係法令や指針等が、安全配慮義務の具体的な内容や基準[*38][*39]となりうると考えられています。もっとも、会社がこれらを遵守していたとしても、直ちに安全配慮義務違反が否定されるわけではなく、裁判例[*40]は「安全配慮義務の具体的内容は、労働者の職種、労務内容、労務提供場所等安全配慮義務が問題となる当該具体的状況等によって異なるべきものである」と判示しています。したがって、具体的な状況等によっては、労働安全衛生関係法令や指針等に定める基準とは異なる義務が課される可能性もあります。

　この点について、判例[*41]では、不法行為上の注意義務に関する判断ではあるものの、「労働基準法は、労働時間に関する制限を定め、労働安全衛生法65条の3は、作業の内容等を特に制限することなく、同法所定の事業者は労働者の健康に配慮して労働者の従事する作業を適切に管理するように努めるべき旨を定めている」と述べたうえで、「使用者は、その雇用する労働者に従事させる業務を定めてこれを管理するに際し、業務の遂行に伴う疲労や心理的負荷等が過度に蓄積して労働者の心身の健康を損なうことがないよう注意する義務を負うと解するのが相当である」と判示しました。ただし、本事件の注意義務における重要なポイントは「業務の量等を適切に調整するための措置を採る」ことであり、作業環境の管理または労働者の健康状態の管理とは次元を異にするものであると指摘されています[*42][*43]。

　近年、企業にとって労働者の精神的な健康保持は重要な課題となっており、労働安全衛生法に基づくストレスチェック制度が創設されるなど、企業[*44]

38　三菱重工業神戸造船所（振動障害）事件（大阪高判平11.3.30労判771号62頁）等。

39　札幌国際観光（石綿曝露）事件（札幌高判平20.8.29判タ1302号27頁）、おきぎんビジネスサービス事件（那覇地沖縄支判平18.4.20労判921号75頁）等。

40　前掲・川義事件。

41　電通事件（最判平12.3.24民集54巻3号1155頁）。

42　当該注意義務違反は、実務上、安全配慮義務違反に該当するとともに、不法行為を構成すると考えられています（メディスコーポレーション事件（前橋地判平22.10.29労判1024号61頁））。

43　『最高裁判例解説民事篇平成12年度（上）』346頁〔八木一洋〕。

は健康診断等により労働時間や労働状況の実態を把握し、これに応じた業務軽減やその他の適切な措置を講じるといった高度な配慮義務が求められる傾向にあります。

では、安全配慮義務の内容やその義務違反については、誰が主張・立証責任を負うのでしょうか。

この点については、判例[*45]において、原告となる被災労働者またはその遺族は、安全配慮義務が問題となる具体的な状況における具体的安全配慮義務の内容を特定し、かつ、使用者にその義務に違反する事実があったことを主張し、立証する責任があると解されています。

したがって、原告となる被災労働者またはその遺族としては、会社側の安全配慮義務の存在を抽象的に主張するだけでは足りず、災害時の状況における具体的な安全配慮義務の内容（たとえば、特定の物的施設・機械等を整備する義務[*46]や特定の安全教育を行う義務[*47]等）を特定し、かつ、会社側にその義務に違反する事実があったことを主張し、立証する責任があることになります。この点について、会社側の安全配慮義務が争われる前に、労災認定等が行われている事案では、実務上、労災認定にあたって労基署が調査した結果が証拠として提出されることがあります。

もっとも、労災事故に関する情報が会社側に偏在していることが多く、被災労働者またはその遺族側が、ある程度具体的な安全配慮義務に関する主張をしている場合には、その根拠となる事実関係について、裁判所から会社側に対して釈明が行われる等して、実際には会社側が事実関係の主張・立証を負担するケースもあります。

---

44 労働安全衛生法66条の10。

45 航空自衛隊芦屋分隊事件（最判昭56.2.16民集35巻1号56頁）。

46 環境施設ほか事件（福岡地判平26.12.25労判1111号5頁）、矢崎部品ほか1社事件（静岡地判平19.1.24労判939号50頁）等。

47 製麺会社A事件（旭川地判令2.8.31労判1247号71頁）、種広商店事件（福岡地判平25.11.13労判1090号84頁）、ナルコ事件（名古屋地判平25.2.7労判1070号38頁）、TOTO事件（大津地判平22.6.22労判1012号25頁）、川島コーポレーション事件（千葉地木更津支判平21.11.10労判999号35頁）等。

Q18 元請企業は下請企業の従業員に対して安全配慮義務を負うのでしょうか。

A.

　下請企業の従業員と労働契約関係にない元請企業は、原則として当該従業員に対して安全配慮義務を負いませんが、「特別な社会的接触の関係」が認められる場合には安全配慮義務を負うことがあります。

解説

　労働契約法 5 条は「使用者は、労働契約に伴い、労働者がその生命、身体等の安全を確保しつつ労働することができるよう、必要な配慮をするものとする」と定めており、労働者と労働契約を締結している使用者は安全配慮義務を負うことを明らかにしています。

　したがって、形式的に考えれば、元請企業は、下請企業の従業員との間で労働契約を締結していないことから、原則として当該従業員に対する安全配慮義務を負わないといえます。

　もっとも、判例[*48]は「安全配慮義務は、ある法律関係に基づいて特別な社会的接触の関係に入った当事者間において、当該法律関係の付随義務として当事者の一方又は双方が相手方に対して信義則上負う義務として一般的に認められる」と判示しており、労働者と労働契約を締結している企業に対してのみ安全配慮義務が認められるわけではありません。

　実際、元請企業の管理する設備、工具等を用い、事実上元請企業の指揮、監督を受けて稼働し、その作業内容も元請企業の従業員とほとんど同じであったという事案において、元請企業は「下請企業の労働者との間に特別な社会的接触の関係に入ったもので、信義則上、右労働者に対し安全配慮義務を負う」として、元請企業に下請企業の従業員に対する安全配慮義務違反を

---

48 陸上自衛隊八戸車両整備工場事件（最判昭50.2.25民集29巻 2 号143頁）。

認めた判例があります。[49]

　このように、下請企業の労働者との間に労働契約関係がない元請企業であっても、元請企業が管理する設備・工具等の利用状況、元請企業との指揮監督関係および元請企業の労働者との作業内容の類似性等を考慮して、下請企業の労働者と元請企業の間に「特別な社会的接触の関係」が認められる場合には、元請企業も安全配慮義務を負うものと考えられます。[50]

　なお、直接の契約関係にない場合でも安全配慮義務が認められた判例としては、たとえば、請負人の労働者が注文者の工場において製造検査補助業務に従事していたところ、転落防止設備が施されていない作業台から転落死したという事案で、作業のライン稼働を管理していたのは注文者であったこと等の事情から注文者と請負人の労働者との間に実質的には注文者の指示のもとに労務の提供を行っていたと評価するのが相当であり、注文者と請負人の労働者との間には、実質的に使用従属の関係が生じていると認められるとして安全配慮義務を認めるものがあります。[51] また、委任会社が自社のHP制作および運用業務に関する業務を個人である受託者に委託していたという関係において、委任者の代表者による業務受託者に対するセクハラ・パワハラ行為について、受託者は委任者の代表者の指示を仰ぎながらこれらの業務を遂行していたことから、実質的には委任者の指揮監督のもとで委任者に労務を提供する立場にあったものと認め、委任者の安全配慮義務を認めるものがあります。[52]

---

49 三菱重工業神戸造船所事件（最判平3.4.11労判590号14頁）。

50 元請企業の安全配慮義務を肯定した事例として、三菱重工業（下関造船所・じん肺）事件（広島高判平26.9.24労判1114号76頁）、日本総合住宅生活ほか事件（東京高判平30.4.26労判1206号46頁）、東京地判平22.3.19判タ1335号152頁等。他方、元請企業の安全配慮義務を否定した事例として、東京電力ほか3社事件（静岡地判平26.12.25労判1109号15頁）、東京地判平26.2.13Westlaw2014WLJPCA02138006、横浜地判平22.12.21判時2106号88頁等。

51 テクノアシスト相模（大和製罐）事件（東京地判平20.2.13労判955号13頁）、環境施設ほか事件（福岡地判平26.12.25労判1111号5頁）。

52 アムールほか事件（東京地判令4.5.25労判1269号15頁）、DNPメディアテクノ関西事件（大阪高判平24.6.8労判1061号71頁）等。

Q19 出向中に労災事故が起きた場合、誰が責任を負うのでしょうか。

A.

　基本的には出向先が安全配慮義務を負いますが、出向元についても指揮監督関係等の具体的実態に応じた安全配慮義務を負うことがあります。

解説

　出向（いわゆる在籍出向）においては、出向労働者は出向元との労働契約を維持しつつ、出向先とも労働契約関係に入ると考えられています。この場合、出向労働者の具体的就労に関する指揮命令権等は出向先に認められると考えられており、当然に出向先は出向労働者に対して安全配慮義務を負うとされています。

　一方、出向元については、出向労働者との間に労働契約が維持されていることから安全配慮義務を負うと考えられるものの、出向元は出向労働者に対して具体的な指揮命令等を行っていないことから、どのような場合に安全配慮義務を負うか、また安全配慮義務を負う場合の具体的な内容について問題となります。

　この点について、裁判例では、「労働者が在籍中に出向した場合、出向元は、出向先及び出向労働者との間の合意により定められた権限と責任、労務提供、指揮監督関係等の具体的実態に応じた内容の、安全配慮義務を負う」とし、出向元は、人事考課表等の資料や出向労働者からの申告等により長時間労働等の具体的な問題を認識し、または認識しえた場合に、適切な措置を講じるべき義務を負うと判示したうえで、最終的には出向元が長時間労働等を認識し得たとは認められないとして、出向元の安全配慮義務違反を否定したものがあります。

---

53 JFEスチール（JFEシステムズ）事件（東京地判平20.12.8労判981号76頁）。

他方、出向元の安全配慮義務について、「雇用主が労働者に他の企業への出向を命じて、他の企業の事業に従事させている場合には、法は不可能を強いるものではないことから、出向先・労働者との出向に関する合意で定められた出向元の権限・責任、及び、労務提供・指揮監督関係の具体的実態等に照らし、出向元における予見可能性及び回避可能性が肯定できる範囲で、出向労働者が業務の遂行に伴う疲労や心理的負荷等が過度に蓄積して心身の健康を損なうことがないように注意する安全配慮義務を負う」と判示したうえで、出向先には独自の人事・総務部門がなかったため、出向労働者の労働時間集計は出向元が行っていたことから出向労働者の長時間労働を出向元は把握していたこと、出向元の代表取締役は出向元人事部に指示して出向労働者の労働時間を報告させることが可能であったこと、および出向先と出向元の代表取締役が同一であったことから同代表取締役が出向労働者の長時間労働を把握したときには同人の業務内容の負担を軽減することが十分可能であったこと等から、出向元人事部に対し、出向労働者が長時間労働をしていないかを定期的に報告させることや、出向労働者が長時間労働しているときは出向元代表者等に対してその旨を報告するよう指示することにより、出向元代表者等において出向労働者が長時間の時間外労働をしていることを知りえるようにし、長時間労働している出向者がいるときは、出向先代表者等をして出向労働者の業務負担の軽減の措置をとることができる体制を整える義務があったとして、出向元の安全配慮義務違反を肯定した裁判例[54]もあります。

---

54 ネットワークインフォメーションセンターほか事件（東京地判平28.3.16労判1141号37頁）。

Q20 労災民事訴訟の際に因果関係はどのように判断されますか。

A.

過重労働等による脳・心臓疾患や精神障害の場合、相当因果関係の判断においては、実務上、労災認定の判断基準である業務起因性と同様に判断される傾向にあります。

解説

企業に対して損害賠償請求をする場合、法的構成として安全配慮義務違反を理由とする債務不履行による損賠賠償請求（民法415条）と不法行為による損害賠償請求（民法709条、715条）があります。

そして、いずれの請求においても、安全配慮義務違反行為または不法行為と結果（傷病の発生・増悪または死亡）との間に因果関係が必要とされます。因果関係については、

◆行為と結果との間に歴史的、客観的な意味での原因結果関係（「あれなければこれなし」の関係）が認められるか否かの問題（事実的因果関係の存否の問題）

◆当該結果に伴い被害者に生じた損失のどこまでを填補すべき対象として取り上げるかの問題（相当因果関係の存否の問題）

の2つに分けて論じられています[55]。

事実的因果関係について、判例は[56]「訴訟上の因果関係の立証は、一点の疑義も許されない自然科学的証明ではなく、経験則に照らして全証拠を総合検討し、特定の事実が特定の結果発生を招来した関係を是認し得る高度の蓋然性を証明することであり、その判定は、通常人が疑を差し挟まない程度に真実性の確信を持ち得るものであることを必要とし、かつ、それで足りる」と

---

55 『最高裁判例解説民事篇平成12年度（上）』346頁〔八木一洋〕。

56 ルンバール事件（最判昭50.10.24民集29巻9号1417頁）、最判平11.2.25民集53巻2号235頁。

判示しています。

　相当因果関係については、通常損害（民法416条１項）と特別損害（同条２項）に区別され、特別損害については、債務者がその特別の事情を予見し、または予見することが可能であったことが必要となります。たとえば、長時間労働による過労死については、長時間労働が身体に与える悪影響は広く知られていることからすると、長時間労働によって死亡した場合、一般的に発生しうる通常損害といえます。[57]

１．労働災害の場合における因果関係の判断

　労災民事訴訟の場合における因果関係は、労災認定における業務起因性[58]が認められることによって直ちに肯定されるものではありませんが、実務上、同じ判断になることが多いと考えられます。[59]特に、事故等の労働災害の場合、事実的因果関係は明白であることが多く、相当因果関係も比較的容易に認められます。[60]

　なお、民事訴訟における因果関係を否定した裁判例[61]として、労働者が足がたたまれていた段ボールに当たり転倒して負傷した事故について、被告会社の条項で被告会社が転倒防止措置を講じる義務を負っているとしても、本件

57　電通事件（最判平12.3.24民集54巻３号1155頁）では、一審において「Ｋが常軌を逸した長時間労働により心身ともに疲弊してうつ病に陥り、自殺を図ったことは、Ｙ社はもちろん通常人にも予見することが可能であった」と述べ、通常損害として相当因果関係を認めたものといえます。

58　労災民事訴訟における因果関係の判断について、裁判例（日本政策金融公庫（うつ病・自殺）事件（大阪高判平26.7.17労判1108号13頁））では「労働者が傷病等を負った場合に、それが業務に起因した傷病等であると評価するには、単に当該業務と傷病等の間に条件関係が存在するのみならず、社会通念上、業務に内在し又は通常随伴する危険の現実化として傷病等が発生したと法的に評価されること、すなわち業務と労働者の傷病との間に相当因果関係の存在が必要であると解される」と判示したものがあります。

59　石村智「労災民事訴訟に関する諸問題について」判タ1425号（2016年）39頁では、「労災認定と労災民事訴訟は制度の基礎を異にするものであるから、行政基準に全面的に依拠して労災民事訴訟における相当因果関係を判断するのは、必ずしも正しい手法であるとは言い難いようにも思われる」と指摘されています。

60　東京地判平27.5.12、岩瀬プレス工業事件（東京地判平20.11.13労判981号137頁）、京都地舞鶴支平13.5.18判タ1115号179頁、東京高判平11.10.20判時1713号57頁。

61　東京地判平29.6.29。そのほか、労災認定が認められているにもかかわらず、安全配慮義務違反が否定された事例として、さいたま地熊谷支判平22.3.31労経速2087号30頁等。

事故が上記義務違反の結果として生じたとは認められないとし、本件事故と因果関係のある被告会社の安全配慮義務違反は認められないと判示したものがあります。

2. 過重労働等による脳・心臓疾患や精神障害・自殺の場合の因果関係の判断

　過重労働等による脳・心臓疾患や精神障害・自殺の場合、相当因果関係の判断はむずかしく、被災労働者またはその遺族が労災保険給付を申請し、労働基準監督署長が支給決定（労災認定）した事案であっても、労災認定における業務起因性が認められることによって直ちに相当因果関係が認められるわけではありませんが、実務上、相当因果関係の判断にあたって労災認定基準[*62]に依拠して同じ判断になることが多いと考えられます。[*63]

　実際に裁判例においても、[*64]長時間労働等の過重な負荷のかかる業務により労働者が心筋梗塞を発症した事案では、疾病と業務との相当因果関係の判断にあたって、厚生労働省作成の「脳血管疾患及び虚血性心疾患等（負傷に起因するものを除く）の認定基準について」（以下、「認定基準」という）に関して、「医学専門家等による専門検討会を踏まえて作成されたものであり、その内容には医学的に十分に根拠があるものと認められるから、本件疾病の発症と被告会社における業務との間の相当因果関係を判断するにあたって、認定基準に準拠するのが相当である」と判示するものがあります。

　他方、労災保険支給決定がなされた労働者の自殺について、使用者に安全配慮義務違反は認められないと判断された裁判例として、[*65]長時間労働と精神疾患の発症との明確な関連性はまだ十分に示されていないとの医学的知見に

62　脳・心臓疾患については「血管病変等を著しく増悪させる業務による脳血管疾患及び虚血性心疾患等の認定基準」（令和3年9月14日基発0914第1号）。精神障害については「心理的負荷による精神障害の認定基準」（平成2年3月12日基発1226第1号、改正：令和2年8月21日基発0821第4号）。

63　大島眞一・戸取謙治「いわゆる過労死及び過労自殺における使用者の損害賠償責任（上）」判タ1348号（2011年）37頁。

64　神戸地姫路支判令5.1.30Westlaw2023WLJPCA01306007。

65　前橋地高崎支判平28.5.19労判1141号5頁。そのほか、労災認定されたにもかかわらず、民事訴訟において相当因果関係が否定された事例として、仙台地判平22.4.20判時2088号116頁、前掲・日本政策金融公庫（うつ病・自殺）事件等。

照らせば、労働者の時間外労働時間が死亡直前の1か月でおおよそ94時間30分に及んでいる点のみをもって、極めて強い業務上の負荷を受けていたと直ちに評することはできないと指摘し、労働者の業務に関する諸般の事情を考慮したうえで、労働者の具体的業務は特段負荷が生じる内容ではなかったこと、職場の人間関係についても特段問題はなかったこと等から、精神障害を発症させるほどの強い業務上の負荷が生じていたとはいえないと判示したものがあります。

（1）脳・心臓疾患における因果関係の判断基準

　脳・心臓疾患は、業務による明らかな過重負荷が加わることによって自然経過を超えて著しく増悪し、発症する場合があると指摘されています。そこで、業務と発症との因果関係として、脳・心臓疾患が発症したことについて「業務による過重な負荷」が加わったといえるかが問題となります。

　この点について、労働者の時間外労働が労災認定基準において業務と発症との関連性が強いと評価できるとされている基準[*66]を超えている場合、業務と発症との因果関係を肯定する大きな要素となります[*67]。具体的には、裁判例において「心臓疾患による労働者の死亡と被告会社の業務との相当因果関係の有無を判断するに当たっては、認定基準が業務の過重性の評価要素として、第一次的に労働時間に着目して、いわゆる100時間基準や80時間基準を定めていることから、まず、労働者の労働時間につき検討し、次いで、勤務時間の不規則性等の労働時間以外の負荷要因の有無・内容等につき検討することとする」等と判示されています[*68]。

　また、長時間労働といえない場合でも、過重な業務と認められ、因果関係

---

66 発症前1か月間におおむね100時間、または発症前2か月間ないし6か月間にわたって1か月当たり、おおむね80時間を超える時間外労働。
67 上記・注66記載の基準を超える時間外労働が認められた結果、業務と発症との因果関係が認められた事例として、東京地判令5.3.23判例秘書L07830128、前掲・神戸地姫路支判令5.1.30、横浜地判令4.4.27判例秘書L07750430、東京地判令3.10.28判例秘書L07630730、株式会社まつりほか事件（東京地判令3.4.28労判1251号74頁）、サンセイほか事件（横浜地判令2.3.27労判1239号38頁）、アルゴグラフィックス事件（東京地判令2.3.25労判1228号63頁）、La Tortuga（過労死）事件（大阪地判令2.2.21労判1221号47頁）、太陽家具百貨店事件（広島高判平31.3.7労判1211号137頁）等。
68 神戸地判令4.7.27Westlaw2022WLJPCA07276003。

が肯定される場合もあります。[69]

　なお、労働者個人に基礎疾患がある場合、業務と発症との因果関係が問題となることがあります。この点については、基礎疾患がどの程度死亡に影響したかの確定は困難なことが多いため、基礎疾患が認められたとしても、過重な業務が認定できれば因果関係を認め、基礎疾患については過失相殺・素因減額で考慮する裁判例が多いといえます。[70]

(2) 精神障害・自殺における因果関係の判断基準

　業務により精神疾患にり患して自殺したことを理由とする、使用者に対する損害賠償請求においては、過重労働等の心理的負荷によりうつ病等にり患したこと、および自殺が精神障害によって正常の認識、行為選択能力が著しく阻害された状態であったと認められることが必要となります。そして、業務と自殺（精神障害発症）との因果関係については、業務が心理的負荷を与えるものであるかを検討し、業務以外の心理的負荷や個体側要因があったか否かについても考慮したうえで判断する傾向にあります。

　なお、労働者にある程度の心理的負荷がかかったために自殺した場合のように、一般的に見て自殺することもありうるような強い心理的負荷があったとはいえないような場合、長時間労働等の過重な業務による過労死の場合と異なり、自殺が一般的に発生しうるとはいえず、特別損害と考えられるため、それを基礎づける事情の予見または予見可能性が必要となります。[71]この点について予見可能性は相当因果関係だけでなく安全配慮義務違反、または過失の判断においても問題となることから、実務的には、多くの裁判例では、因果関係については事実的因果関係のみを検討し、安全配慮義務違反または過失の判断の中で予見可能性を検討する傾向にあります。[72]

69　名古屋地判令4.8.26Westlaw2022WLJPCA08269002。

70　大島眞一・戸取謙治「いわゆる過労死及び過労自殺における使用者の損害賠償責任（下）」判タ1349号（2011年）43頁。

71　労働者の自殺について、当該労働者に対する叱責行為や不法行為が自殺の原因であったとまでは認めることはできず、被告会社らに自殺に対する予見可能性があったとは認められないとして、被告会社らの損害賠償責任の範囲は、労働者の死亡による損害には及ばないと判示した裁判例（乙山青果ほか事件（名古屋地判平29.1.27労判1175号46頁））があります。

72　前掲・判タ1349号41頁〔大島眞一〕。

予見可能性の対象に関しては、事案によって、自殺またはその可能性についての予見可能性を問題とする事案[73]、うつ病発症の原因となる事実ないし状況についての認識または認識可能性を求める事案[74]もありますが、長時間労働や強い心理的負荷を与えるような出来事が認められる場合には、過重な業務への従事の点についての認識または認識可能性があれば足りるとする事案[75]が多いようです[76]。

たとえば、自殺前 6 か月間の労働者の時間外労働が99時間30分に及び、特に自殺前 1 か月間の時間外労働が166時間を超えていた事案において、裁判例[77]は「長時間にわたり業務に従事する状況が継続するなどして、疲労や心理的負荷等が過度に蓄積すると、労働者の心身の健康を損なう危険性のあることは周知の事実であり、うつ病等の精神障害を発症した者に自殺念慮が出現して自殺に至ることは社会通念に照らして異常な出来事とはいえないから、長時間労働等によって労働者が精神障害を発症し、自殺に至った場合において、使用者が、長時間労働等の実態を認識し、又は認識し得る限り、使用者の予見可能性に欠けるところはないというべきであって、予見可能性の対象として、うつ病を発症していたことの具体的認識等を要するものではないと解するのが相当である」と判示しています。

---

73 ヤマトロジスティクス事件（東京地判平20. 9. 30労判977号59頁）、北海道銀行（自殺）事件（札幌高判平19.10.30労判951号82頁）等。

74 乙山青果ほか事件（名古屋高判平29.11.30労判1175号26頁）。

75 日和住設ほか事件（札幌地判令 3. 6. 25労判1253号93頁）、ネットワークインフォメーションセンターほか事件（東京地判平28. 3.16労判1141号37頁）、医療法人雄心会事件（札幌高判平25.11.21労判1086号22頁）、アテスト（ニコン熊谷製作所）事件（東京高判平21. 7. 28労判990号50頁）、九電工事件（福岡地判平21.12. 2労判999号14頁）等。

76 前掲・判タ1425号36頁〔石村智〕は、「この点については、うつ病発症の原因となる『業務の過重性』の程度如何により、判断が分かれているように理解される。すなわち、うつ病は過重業務のリスクが顕在化して発症するものであり、業務が客観的にみて過重なものと認定されるのであれば、結果の発生は業務に内在化しているのであり、結果についての予見可能性は必要でなく、うつ病症の原因となる業務の過重性の予見で足りるといえる。他方、業務が客観的に過重なものであると認定されず、その他の要因と相まってうつ病を発症した場合には、結果を予見することは一般的に困難なことが多く、安全配慮義務を尽くしようがないので、結果についての予見可能性まで要求されている傾向にあるようである」と分析しています。

77 日本赤十字社（山梨赤十字病院）事件（甲府地判平24.10. 2労判1064号52頁）。

Q21 労災被災者が損害賠償を請求する場合、どのような損害が考えられますか。

A.

　労働災害における損害は、財産的損害と精神的損害があり、そのうち財産的損害は積極損害と消極損害に分けられます。

解説

　労働災害が発生した場合、損害賠償請求の法的根拠としては、不法行為責任と債務不履行責任（安全配慮義務違反）があります。損害は、大きく財産的損害と精神的損害に分けることができ、財産的損害はさらに積極損害と消極損害に分けられます。

1．財産的損害

❶積極損害

　積極損害は、被災したことにより現実に生じた損害をいいます。具体的には、治療費、通院交通費、入院雑費、付添看護費、装具・器具購入費、葬儀費用、その他実際に支出した費用等があります。具体的な損害額の計算にあたっては、交通事故での損害賠償額算定要領について記載した「民事交通事故訴訟 損害賠償額算定基準」（いわゆる「赤い本」）の上巻（基準編）が参考にされており、たとえば、葬儀関係費用は原則として損害額を150万円とみなされています。また、弁護士費用については、実務上、おおむね損害認容額の10％程度が認められています。[78]

❷消極損害

　消極損害とは、被災していなければ得たであろう利益を得られなくなった損害をいいます。具体的には休業損害、後遺障害・死亡による逸失利益があ

78　最判平24.2.24集民240号111頁。

ります。

　休業損害とは、被災したことで働けず、休業したことで生じた収入減のことです。労災保険による休業補償給付により填補されない部分について、休業損害が認められます。その計算法は、原則として、傷病発生前の収入を基礎として損害額を算定することになります。休業損害の対象期間は傷病発生から治ゆまたは症状固定までの休業期間であり、症状固定後は逸失利益の問題として取り扱われます。

　逸失利益とは、被災したことによる後遺障害や死亡により、得られなくなった利益のことです。逸失利益の算定は、傷病発生前の収入、労働能力低下の程度、就労可能年数等を考慮して行われます。なお、就労可能年数については、一般的には67歳までを基準としますが、外国人労働者の場合、判例[79]によれば、予測される日本における就労可能期間内は日本での収入等を基礎とし、その後は想定される出国先での収入等を基礎として算定されるべきであるとして、日本における就労可能期間は、来日目的、事故時点における本人の意思、在留資格の有無・内容、在留期間、その更新の実績および蓋然性、就労資格の有無、就労の態様等の事実的および規範的な諸要素を考慮して認定するのが相当であると判示されています。

〔後遺障害逸失利益の算定式〕

　　基礎収入額×労働能力喪失率×労働能力喪失期間に対応する中間利息控除係数

　労働能力喪失割合は、労働省労働基準局長通牒（昭和32年7月2日基発551号）別表「労働能力喪失率表」（表1）を参考として評価します。

　中間利息控除係数とは、将来得られる収入を先に得ることに対して、逸失利益を一括して受け取ると、利息分はもらいすぎることとなるため、その利息分を控除するためのものであり、ライプニッツ係数（または新ホフマン係数）を用いることが一般的です（ライプニッツ係数、新ホフマン係数については、表2、表3参照）。

---

79 改進社事件（最判平9.1.28民集51巻1号78頁）。同事件では、在留期間を超えて日本に残留して就労中に被災した外国人労働者の逸失利益について、事故後に勤務していた会社を退職した日の翌日から3年間は事故前の収入と同額を、その後は本国で得ていた程度の収入を得ることができたものとされました。

〔死亡逸失利益の算定式〕

　　基礎収入額×（1－生活費控除率）×就労可能年数に対応する中間利息控除係数

　労働者が死亡した場合、将来の生活費が不要となるので、その分を控除します。生活費控除率は、一家の支柱の場合、被扶養者が1名のときは4割、2名のときは3割、女性（主婦、独身、幼児等を含む）の場合は3割、男性（独身、幼児等を含む）の場合は5割とする扱いが一般的です。

2. 精神的損害

　被災労働者または遺族が受けた精神的苦痛について、使用者に対して慰謝料請求が認められます。具体的には入院慰謝料、後遺障害慰謝料、死亡慰謝料、近親者固有の慰謝料等があります。

❶死亡の場合

　被災労働者の死亡による慰謝料は、おおむね以下のとおりです。

◆一家の支柱：2800万円

◆母親、配偶者：2500万円

◆その他：2000万〜2500万円

❷受傷の場合

　治療期間中の入通院慰謝料は、いわゆる赤い本における入通院慰謝料の表（表4）が目安となります。

❸後遺症が残った場合

　後遺症慰謝料は、障害等級に応じて算出され、赤い本の記載（表5）が目安となります。

表1●労働能力喪失率表

障害等級	労働能力喪失率	障害等級	労働能力喪失率
第1級	100／100	第8級	45／100
第2級	100／100	第9級	35／100
第3級	100／100	第10級	27／100
第4級	92／100	第11級	20／100
第5級	79／100	第12級	14／100
第6級	67／100	第13級	9／100
第7級	56／100	第14級	5／100

出所：労働基準局長通牒 昭32.7.2基発551号による

表2●ライプニッツ係数および新ホフマン係数表（現価表）　3%

年数	ライプニッツ係数	新ホフマン係数	年数	ライプニッツ係数	新ホフマン係数
1	0.9708 7379	0.9708 7379	44	0.2723 7178	0.4310 3448
2	0.9425 9591	0.9433 9623	45	0.2644 3862	0.4255 3191
3	0.9151 4166	0.9174 3119	46	0.2567 3653	0.4201 6807
4	0.8884 8705	0.8928 5714	47	0.2492 5876	0.4149 3776
5	0.8626 0878	0.8695 6522	48	0.2419 9880	0.4098 3607
6	0.8374 8426	0.8474 5763	49	0.2349 5029	0.4048 5830
7	0.8130 9151	0.8264 4628	50	0.2281 0708	0.4000 0000
8	0.7894 0923	0.8064 5161	51	0.2214 6318	0.3952 5692
9	0.7664 1673	0.7874 0157	52	0.2150 1280	0.3906 2500
10	0.7440 9391	0.7692 3077	53	0.2087 5029	0.3861 0039
11	0.7224 2128	0.7518 7970	54	0.2026 7019	0.3816 7939
12	0.7013 7988	0.7352 9412	55	0.1967 6717	0.3773 5849
13	0.6809 5134	0.7194 2446	56	0.1910 3609	0.3731 3433
14	0.6611 1781	0.7042 2535	57	0.1854 7193	0.3690 0369
15	0.6418 6195	0.6896 5517	58	0.1800 6984	0.3649 6350
16	0.6231 6694	0.6756 7568	59	0.1748 2508	0.3610 1083
17	0.6050 1645	0.6622 5166	60	0.1697 3309	0.3571 4286
18	0.5873 9461	0.6493 5065	61	0.1647 8941	0.3533 5689
19	0.5702 8603	0.6369 4268	62	0.1599 8972	0.3496 5035
20	0.5536 7575	0.6250 0000	63	0.1553 2982	0.3460 2076
21	0.5375 4928	0.6134 9693	64	0.1508 0565	0.3124 6575
22	0.5218 9250	0.6024 0964	65	0.1464 1325	0.3389 8305
23	0.5066 9175	0.5917 1598	66	0.1421 4879	0.3355 7047
24	0.4919 3374	0.5813 9535	67	0.1380 0853	0.3322 2591
25	0.4776 0557	0.5714 2857	68	0.1339 8887	0.3289 4737
26	0.4636 9473	0.5617 9775	69	0.1300 8628	0.3257 3290
27	0.4501 8906	0.5524 8619	70	0.1262 9736	0.3225 8065
28	0.4370 7675	0.5434 7826	71	0.1226 1880	0.3194 8882
29	0.4243 4636	0.5347 5936	72	0.1190 4737	0.3164 5570
30	0.4119 8676	0.5263 1579	73	0.1155 7998	0.3134 7962
31	0.3999 8715	0.5181 3472	74	0.1122 1357	0.3105 5901
32	0.3883 3703	0.5102 0408	75	0.1089 4521	0.3076 9231
33	0.3770 2625	0.5025 1256	76	0.1057 7205	0.3048 7805
34	0.3660 4490	0.4950 4950	77	0.1026 9131	0.3021 1480
35	0.3553 8340	0.4878 0488	78	0.0997 0030	0.2994 0120
36	0.3450 3243	0.4807 6923	79	0.0967 9641	0.2967 3591
37	0.3349 8294	0.4739 3365	80	0.0939 7710	0.2941 1765
38	0.3252 2615	0.4672 8972	81	0.0912 3990	0.2915 4519
39	0.3157 5355	0.4608 2949	82	0.0885 8243	0.2890 1734
40	0.3065 5684	0.4545 4545	83	0.0860 0236	0.2865 3295
41	0.2976 2800	0.4484 3049	84	0.0834 9743	0.2840 9091
42	0.2889 5922	0.4424 7788	85	0.0810 6547	0.2816 9014
43	0.2805 4294	0.4366 8122	86	0.0787 0434	0.2793 2961

出所：「民事交通事故訴訟 損害賠償額算定基準」（日弁連交通事故相談センター東京支部、2024）464頁
注：令和2年4月1日以降に発生した交通事故の損害賠償請求に適用する表

表3●ライプニッツ係数および新ホフマン係数表（現価表）　5％

年数	ライプニッツ係数	新ホフマン係数	年数	ライプニッツ係数	新ホフマン係数
1	0.9523 8095	0.9523 8095	44	0.1168 6133	0.3125 0000
2	0.9070 2948	0.9090 9091	45	0.1112 9651	0.3076 9231
3	0.8638 3760	0.8695 6522	46	0.1059 9668	0.3030 3030
4	0.8227 0247	0.8333 3333	47	0.1009 4921	0.2985 0746
5	0.7835 2617	0.8000 0000	48	0.0961 4211	0.2941 1765
6	0.7462 1540	0.7692 3077	49	0.0915 6391	0.2898 5507
7	0.7106 8133	0.7407 4074	50	0.0872 0373	0.2857 1429
8	0.6768 3936	0.7142 8571	51	0.0830 5117	0.2816 9014
9	0.6446 0892	0.6896 5517	52	0.0790 9635	0.2777 7778
10	0.6139 1325	0.6666 6667	53	0.0753 2986	0.2739 7260
11	0.5846 7929	0.6451 6129	54	0.0717 4272	0.2702 7027
12	0.5568 3742	0.6250 0000	55	0.0683 2640	0.2666 6667
13	0.5303 2135	0.6060 6061	56	0.0650 7276	0.2631 5789
14	0.5050 6795	0.5882 3529	57	0.0619 7406	0.2597 4026
15	0.4810 1710	0.5714 2857	58	0.0590 2291	0.2564 1026
16	0.4581 1152	0.5555 5556	59	0.0562 1230	0.2531 6456
17	0.4362 9669	0.5405 4054	60	0.0535 3552	0.2500 0000
18	0.4155 2065	0.5263 1579	61	0.0509 8621	0.2469 1358
19	0.3957 3396	0.5128 2051	62	0.0485 5830	0.2139 0244
20	0.3768 8948	0.5000 0000	63	0.0462 4600	0.2409 6386
21	0.3589 4236	0.4878 0488	64	0.0440 4381	0.2380 9524
22	0.3418 4987	0.4761 9048	65	0.0419 4648	0.2352 9412
23	0.3255 7131	0.4651 1628	66	0.0399 4903	0.2325 5814
24	0.3100 6791	0.4545 4545	67	0.0380 4670	0.2298 8506
25	0.2953 0277	0.4444 4444	68	0.0362 3495	0.2272 7273
26	0.2812 4073	0.4347 8261	69	0.0345 0948	0.2247 1910
27	0.2678 4832	0.4255 3191	70	0.0328 6617	0.2222 2222
28	0.2550 9364	0.4166 6667	71	0.0313 0111	0.2197 8022
29	0.2429 4632	0.4081 6327	72	0.0298 1058	0.2173 9130
30	0.2313 7745	0.4000 0000	73	0.0283 9103	0.2150 5376
31	0.2203 5947	0.3921 5686	74	0.0270 3908	0.2127 6596
32	0.2098 6617	0.3846 1538	75	0.0257 5150	0.2105 2632
33	0.1998 7254	0.3773 5849	76	0.0245 2524	0.2083 3333
34	0.1903 5480	0.3703 7037	77	0.0233 5737	0.2061 8557
35	0.1812 9029	0.3636 3636	78	0.0222 4512	0.2040 8163
36	0.1726 5741	0.3571 4286	79	0.0211 8582	0.2020 2020
37	0.1644 3563	0.3508 7719	80	0.0201 7698	0.2000 0000
38	0.1566 0536	0.3448 2759	81	0.0192 1617	0.1980 1980
39	0.1491 4797	0.3389 8305	82	0.0183 0111	0.1960 7843
40	0.1420 4568	0.3333 3333	83	0.0174 2963	0.1941 7476
41	0.1352 8160	0.3278 6885	84	0.0165 9965	0.1923 0769
42	0.1288 3962	0.3225 8065	85	0.0158 0919	0.1904 7619
43	0.1227 0440	0.3174 6032	86	0.0150 5637	0.1886 7925

出所：「民事交通事故訴訟　損害賠償額算定基準」（日弁連交通事故相談センター東京支部、2024）467頁
　注：令和２年３月31日までに発生した交通事故の損害賠償請求に適用する表

表4●入通院慰謝料　　　　　　　　　　　　　　　　　　　　　　　　　　　　　　　　　　　（単位：万円）

通院＼入院	B＼A	1月	2月	3月	4月	5月	6月	7月	8月	9月	10月	11月	12月	13月	14月	15月
	A	53	101	145	184	217	244	266	284	297	306	314	321	328	334	340
1月	28	77	122	162	199	228	252	274	291	303	311	318	325	332	336	342
2月	52	98	139	177	210	236	260	281	297	308	315	322	329	334	338	344
3月	73	115	154	188	218	244	267	287	302	312	319	326	331	336	340	346
4月	90	130	165	196	226	251	273	292	306	316	323	328	333	338	342	348
5月	105	141	173	204	233	257	278	296	310	320	325	330	335	340	344	350
6月	116	149	181	211	239	262	282	300	314	322	327	332	337	342	346	
7月	124	157	188	217	244	266	286	304	316	324	329	334	339	344		
8月	132	164	194	222	248	270	290	306	318	326	331	336	341			
9月	139	170	199	226	252	274	292	308	320	328	333	338				
10月	145	175	203	230	256	276	294	310	322	330	335					
11月	150	179	207	234	258	278	296	312	324	332						
12月	154	183	211	236	260	280	298	314	326							
13月	158	187	213	238	262	282	300	316								
14月	162	189	215	240	264	284	302									
15月	164	191	217	242	266	286										

［表の見方］　1．入院のみの場合は、入院期間に該当する額（例えば入院3か月で完治した場合は145万円となる）
　　　　　　2．通院のみの場合は、通院期間に該当する額（例えば通院3か月で完治した場合は73万円となる）
　　　　　　3．入院後に通院があった場合は、該当する月数が交差するところの額（例えば入院3か月、通院3か月の場合は188万円となる）
　　　　　　4．この表に記載された範囲を超えて治療が必要であった場合は、入・通院期間1月につき、それぞれ15月の基準額から14月の基準額を引いた金額を加算した金額を基準額とする。例えば16月の入院慰謝料額は340万円＋（340万円－334万円）＝346万円となる
出所：「民事交通事故訴訟 損害賠償額算定基準」（日弁連交通事故相談センター東京支部、2024）212頁

表5●被害者本人の後遺症慰謝料

第1級	第2級	第3級	第4級	第5級	第6級	第7級
2800万円	2370万円	1990万円	1670万円	1400万円	1180万円	1000万円

第8級	第9級	第10級	第11級	第12級	第13級	第14級
830万円	690万円	550万円	420万円	290万円	180万円	110万円

出所：「民事交通事故訴訟 損害賠償額算定基準」（日弁連交通事故相談センター東京支部、2024）216頁

Q22 労災被災者が民事上の損害賠償を請求する場合、過失相殺によって損害が減額されることはありますか。

A.

被災労働者側に過失がある場合、損害の公平な分担という見地から、当該労働者の過失割合に応じて、損害賠償額が減額されることになります。

解説

1. 債務不履行と不法行為における過失相殺

労働災害が発生した場合、損害賠償請求の法的根拠としては、債務不履行責任（安全配慮義務違反）と不法行為責任があります。これら民事上の損害賠償は、いずれも原則として過失責任（民法415条、709条、715条）を前提としており、損害の公平な分担という観点から、損害の発生や拡大に労働者側の過失が影響している場合、過失相殺が行われます（民法418条、722条2項）。

この点について、労働者は、労働契約に付随する義務として自己保健義務[80]（具体的には、自己健康管理義務、健康診断受診義務および自覚症状の申告義務等）を負うと考えられており、これらに違反する場合、過失相殺により、損害賠償額が減額されることがあります[81]。ただし、自己健康管理義務について、裁判例[82]は、労働者が精神科を受診しなかったこと等を理由に会社が

---

80 システムコンサルタント事件（東京高判平11.7.28労判770号58頁）では、自己保健義務について「労働者が自身の健康を自分で管理し、必要であれば自ら医師の診断治療を受けるなどすべき」義務と判示しています。

81 糸島市事件（福岡高判平28.11.10労判1151号5頁）、鹿児島県・U市（市立中学校教諭）事件（鹿児島地判平26.3.12労判1095号29頁）、東京地判平22.2.24判タ1382号238頁、グルメ杵屋事件（大阪地判平21.12.21労判1003号16頁）。

82 岐阜県厚生農協連事件（岐阜地判平31.4.19労判1203号20頁）。ほかに自己保健義務違反を否定した事案として、自殺した労働者が定期的に通院し、自身の心身の不調を正直に医師に話し、医師の指示に従って治療を受けていることから自己健康管理義務違反を否定するとともに、従業員が精神的な不調を会社に申告することは、相当の心理的な抵抗があるのが通常であることから、当該労働者が自身の精神的な不調を会社に申告しなかったからといって、自覚症状等の申告義務違反があるとはいえないと判断した裁判例（神戸地判平25.6.12判例秘書L06850364）があります。

過失相殺を主張した事案において、「労働者が、自己の健康状態について最もよく認識し、健康管理を行うことのできる地位にあることは、一般論としては首肯できるものであるが、本件のように、使用者が労働者における慢性的な長時間労働を認識しながら、十分な措置を講じず、労働者の健康状態に対する配慮が何らなされていない場合には、労働者において医療機関を受診していないことをもって、直ちに自己の健康管理を怠った過失を認めるべきではなく、少なくとも、労働者において、医師から具体的な受診の必要性を指摘される等して、医療機関を受診する機会があったにもかかわらず、正当な理由なくこれを受診しなかったといえる場合に限り、過失として評価する余地があると解すべきである」と判示し、労働者が自ら精神科の病院を受診しなかったことを過失評価すべきではないと判断したものがあり、労働者の自己保健義務違反による過失相殺の可否については慎重に判断される傾向にあるといえます。

　また、裁判例によれば、過労死・過労自殺の場合や、脳・心臓疾患による[*83]死亡等の場合、労働者の基礎疾患、既往症等の体質的要因や性格等の心理的要因が認められることがあり、このような場合に、損害の公平な分担という見地から、過失相殺の規定が適用または類推適用されるされることがあります。

　もっとも、別の判例では、「ある業務に従事する特定の労働者の性格が同[*84]

83　NTT東日本北海道支店事件（最判平20.3.27労判958号5頁）は「被害者に対する加害行為と加害行為前から存在した被害者の疾患とが共に原因となって損害が発生した場合において、当該疾患の態様、程度等に照らし、加害者に損害の全部を賠償させるのが公平を失するときは、裁判所は、損害賠償の額を定めるに当たり、民法722条2項の規定を類推適用して、被害者の疾患をしんしゃくすることができる（最高裁昭和63年（オ）第1094号平成4年6月25日第一小法廷判決・民集46巻4号400号参照）。このことは、労災事故による損害賠償請求の場合においても、基本的に同様であると解される」と判示しています。ほかに過失相殺の類推適用を認める裁判例として、榎並工務店事件（大阪高判平14.7.23労判858号93頁）、三洋電機サービス事件（東京高判平14.7.23労判852号73頁）、さいたま市（環境局職員）事件（さいたま地判平27.11.18労判1138号30頁）、市川エフエム放送事件（東京高判平28.4.27労判1158号147頁）、A庵経営者事件（福岡高判平29.1.18労判1156号71頁）、アルゴグラフィックス事件（東京地判令2.3.25労判1228号63頁）、サンセイほか事件（東京高判令3.1.21労判1239号28頁）、日和住設ほか事件（札幌地判令3.6.25労判1253号93頁）等があります。
84　電通事件（最判平12.3.24民集54巻3号1155頁）。

種の業務に従事する労働者の個性の多様さとして通常想定される範囲を外れるものでない限り、その性格及びこれに基づく業務遂行の態様等が業務の過重負担に起因して当該労働者に生じた損害の発生又は拡大に寄与したとしても、そのような事態は使用者として予想すべきものということができる。（中略）したがって、労働者の性格が前記の範囲を外れるものでない場合には、裁判所は、業務の負担が過重であることを原因とする損害賠償請求において使用者の賠償すべき額を決定するに当たり、その性格及びこれに基づく業務遂行の態様等を、心因的要因としてしんしゃくすることはできないというべきである」と判示し、過失相殺の類推適用を否定しています。

　また、労働者は入社以来長年にわたり特段の支障なく勤務を継続していたこと等の事情に鑑み、「同種の業務に従事する労働者の個性の多様さとして通常想定される範囲を外れるぜい弱性などの特性等を有していたことをうかがわせるに足りる事情があるということはできない」と判示され、過失相殺の類推適用が否定された事案[85]もあります。

2．過失相殺・素因減額が認められた事例

　過失相殺や素因減額の割合は、事故や疾病の状況ごとに異なります。労働者側の過失相殺や素因減額の割合が50％以上の裁判例として、次のようなものがあります。

　⑴　5割の過失相殺（素因減額）を認めた事例

◆長時間労働に起因して労働者が脳出血を発症して死亡した事案[86]：労働者は、高血圧を産業医から指摘されたにもかかわらず、使用者に対して高血圧につき治療中である旨の虚偽申告を複数年にわたってしていたものの、使用者としては自らの健康状態を十分に省みることなくその職責を果たそうとする職務に熱心な労働者が存在することも考慮した職場環境を構築すべきであるから、労働者による業務遂行方法に健康管理の観点から見て相当ではない点があったとしても、これを過失相殺の類推適用の考慮要素と

85　東芝（うつ病・解雇）事件（最判平26.3.24労判1094号22頁）。
86　前掲・サンセイほか事件。

して過大評価すべきではないとして、寄与度減額を5割とした

◆労働者が作業中に欅の木から転落して受傷し、四肢体幹機能障害等の後遺障害を負った事案[87]：一丁掛けの安全帯による高所作業の場合の安全確保の方法を講じていれば、事故の発生を防ぐことは可能であったといえることから労働者側の過失は大きいといわざるをえないとしつつ、使用者側としても二丁掛けの安全帯を着用させて作業に従事させていれば、より確実に事故の発生を防ぐことができたことから使用者側の過失も大きい等として、労働者の過失割合を5割とした

◆労働者が、使用者から暴行（2回の平手による顔面殴打）や強い叱責を受け焼身自殺した事案[88]：たび重なる注意を受けても何十回以上も同じ仕事上の間違いを繰り返す労働者に対して、使用者が注意することは当然であり、その態様が時として激しい叱責となることもやむをえない面があること、労働者に何らかの精神疾患にり患していたと認めるに足りる証拠はなく焼身自殺は極めて短絡的な行為であると評価できないこと等から、労働者の過失割合を5割とした

◆労働者が最中皮焼成作業中に火傷を負った事案[89]：使用者から指導を受けていたにもかかわらず、半自動最中皮焼成機の金型が閉まり始めたことを感知しながら、まだ手が挟まれることはないと見込んで作業を続行した結果、逃げ遅れて事故を惹起しており、手が挟まれても容易に外せると軽信して作業を続けたこと等から、労働者側の過失割合を5割とした

◆恒常的に過大な労働に従事してきた労働者が脳幹部出血により死亡した事案[90]：自らが高血圧であって治療が必要な状態であることを知っていたうえで、使用者から精密検査を受けるよう指示されていたにもかかわらず、検査を受診したり、医師の治療を受けることをしなかった等、自己の健康保持について何らの配慮を行っていないこと、労働者の境界域高血圧という基礎的な要因も血圧上昇に何らかの影響を与えたとして、労働者の血圧の

87 日本総合住生活ほか事件（東京高判平30.4.26労判1206号46頁）。
88 前掲・A庵経営者事件。
89 種広商店事件（福岡地判平25.11.13労判1090号84頁）。
90 前掲・システムコンサルタント事件。

上昇から脳出血発症についての全責任を使用者に負わせることは衡平を欠くとして、労働者側の過失割合を5割とした

(2) 6割の過失相殺（素因減額）を認めた事例

◆1週間平均で40時間を超える時間外業務に従事していた労働者が徹夜の緊急手術参加後に交通事故死した事案[91]：医師である労働者は、一般人より正確に自己の心身の状態を把握し得たと考えられるところ、事故当日、極度の疲労状態、睡眠不足にあり、その状態で自動車を運転することの危険性を認識し得たこと、自家用車以外の交通手段を選択する余地は十分にあったこと等から、事故の発生について労働者の過失も原因となったことを否定できず労働者の過失割合を6割とした

◆発症前5か月間および6か月間の平均値において80時間を超える時間外労働に従事していた労働者が、タクシー運転業務中に脳梗塞を発症し、後遺障害等級2級に相当する後遺障害が残った事案[92]：労働者は、①脳梗塞発症当時71歳の高齢であったこと、②健康診断において高血圧と指摘されながら長年にわたって医療機関を受診することなく放置し、処方された降圧剤も1か月足らずで自己判断で服用を中止していること、③50年にわたる喫煙習慣を有し、かつ適度な運動や健康的な食生活などを心がけた形跡がまったく見られないこと、④生活習慣が高血圧症を増悪させ、脳・心臓疾患に至る可能性があることを認識することが十分可能であったにもかかわらず、生活習慣をまったく改めなかったこと等に照らして、労働者側の寄与度割合を6割とした

◆うつ病にり患していた労働者が、不正経理について上司から叱責・注意を受け自殺した事案[93]：上司による叱責等は労働者が行った不正経理に端を発すること、上司に隠匿していた不正経理がうつ病の発症に影響を及ぼしたと推認できることが明らかであること等から、労働者における過失割合は6割を下らないとした

---

91 鳥取大学附属病院事件（鳥取地判平21.10.16労判997号79頁）。
92 名神タクシーほか事件（神戸地判尼崎支判平20.7.29労判976号74頁）。
93 前田道路事件（松山地判平20.7.1労判968号37頁）。

◆労働者が、勤務中に上司から暴行を受け、他の上司からは「ぶち殺そうか お前」などと発言されたことで妄想性障害にり患した事案：妄想性障害[*94]は、本人の特徴的な病前性格が論じられており、被害妄想を特徴とする場合、他人との関係に特に敏感であったり、正義感などの主張が強いといった特徴が指摘されるところ、労働者の障害の発生およびその持続には、不当な事柄に対して憤り、論理的に相手を問いつめるという性格的傾向による影響が大きいこと等から、被害者側の過失を6割とした

(3) 7割の過失相殺（素因減額）を認めた事例

◆有料老人ホームで介護ヘルパーとして従事していた労働者が、本来2名以上の者によって車いすなどに移動させるべき作業を1名で行おうとして右手関節を負傷した事案[*95]：床に転倒していた被介護者を移動させるにあたって、労働者自身にとって危険な方法で被介護者を移動させたこと、手段を尽くして他のヘルパーを呼ばなかったこと、労働者は介護ヘルパー2級資格を有しており、同資格に係る危険を回避する義務があるところ、これを怠っていたことは軽視することができないこと等から、労働者の過失を7割とした

◆労働者が、いじめによる精神疾患の結果、自殺した事案[*96]：労働者は、いじめにより心因反応を生じ、自殺に至ったものであるが、いじめがあったと認められるのは自殺の1年半近く前までであり、その後、職場も配転替えとなり、医師の診察を受け、入通院をして精神疾患に対する治療を受けていたにもかかわらず、これらが功を奏することなく自殺に至ったことを考慮すると、労働者の資質ないし心因的要因も加わって自殺への契機となったものと認められ、労働者側の過失割合を7割とした

◆給油所長であった労働者が、台風により生じた給油所の浸水被害等を過大に考え、自殺した事案[*97]：使用者には安全配慮義務違反および不法行為上の過失が認められるものの、台風襲来から労働者の自殺まで1か月足らずと

---

94 ファーストリテイリングほか（ユニクロ店舗）事件（名古屋高判平20.1.29労判967号62頁）。
95 川島コーポレーション事件（千葉地木更津支判平21.11.10労判999号35頁）。
96 川崎市水道局（いじめ）事件（横浜地川崎支判平14.6.27労判833号61頁）。
97 みくまの農協（新宮農協）事件（和歌山地判平14.2.19労判826号67頁）。

いう比較的短い期間であったこともあって、誰もが直ちに対処を要する事態であることを容易に認識することができるほどの認識可能性があったとまではいえないこと（①）、労働者の家族として労働者の症状に気づいて対処すべきであり、労働者の異変に気づいた家族から、その旨の連絡がなされれば、使用者において相応の対処がなされたものと考えられること（②）が認められるところ、①と②を比較考量すると、労働者およびその家族らの過失割合を7割とした

⑷　8割の過失相殺（素因減額）を認めた事例

◆1か月の時間外勤務時間が114時間に達するなど業務に量的過重性が認められるだけでなく、質的過重性も認められる業務を担当していた労働者が自殺した事案[*98]：労働者は、管理職として、可能な業務を部下に割り振るなどして自らの労働時間を適正に管理する意識が弱く、また使用者において整備していたメンタルヘルスに関する相談制度を利用することもなく、業務によるストレスを蓄積していたものというべきであり、業務によるストレスからうつ病にり患して自殺に至ったことについては、このような労働者自身の勤務に対する姿勢やメンタルヘルスに対する認識の低さが深く寄与しているというべきであって、労働者が一度でもメンタルヘルスに関する相談制度を利用していれば、自殺という事態は回避できた可能性が大きいと考えられることから、8割の過失相殺が相当とした

◆継続的にパワハラを受けていた労働者が自殺した事案[*99]：うつ病の既往症が労働者の自殺の重大な要因となっていること、労働者の遺族らは、労働者の病状を正確に把握したうえで、医師等と連携して、労働者を休職させるなどして、適切な医療を受けさせるよう働きかけをしたり、労働者の自殺を防ぐために必要な措置をとるべきであったことから、労働者およびその遺族らの過失割合を8割とした

◆労働者がプレス作業中、安全装置の操作を誤って機械を作動させ、右示指および中指の各中手指節間関節以上を欠損した事案[*100]：労働者には、プレス

98　前掲・糸島市事件。
99　前掲・さいたま市（環境局職員）事件。

作業の経験があり、その危険性も認識していたこと、プレス機械に安全装置の取付け作業等を日常的に行っていたこと、会社の他の従業員から安全装置の取付け位置を正しい位置に調整しているのであればプレス作業を開始してよいと指示されたにもかかわらず、これを怠ったことが原因で事故が発生したことが明らかであることから、労働者の過失割合を8割とした

◆一級建築士の資格を有し、約30年間大工として稼働していた一人親方が、作業中にバランスを崩して2階から転落・負傷した事案[101]：本人は、30年以上の経験を有する大工（一人親方）で相応の道具選択と技量が期待されていたこと、本件現場で足場等が設置されていないことを明らかに認識しつつも、工務店（元請負人）に何らの措置も求めなかったこと、原告自身に道具選択と技量に誤りがあったといえること等を考慮すると、本人の過失割合を8割とした

◆課長職が重荷であるとして退職希望等をし、自殺未遂までしていた労働者が自殺した事案[102]：労働者の自殺には、労働者の自由な意思が介在している面も否定できず、労働者自身の性格や素因からくる心理的要因が寄与していると認められる。労働者としても退職することや休暇をとることも可能であったにもかかわらず上司の説得を受け入れる形になり、労働者やその家族が医師に自殺未遂の話をしなかったことから、労働者の自殺による死亡という結果について労働者側にも落ち度があったというべきであり、労働者側の過失割合を8割とした

---

100 岩瀬プレス工業事件（東京地判平20.11.13労判981号137頁）。
101 Ｈ工務店（大工負傷）事件（大阪高判平20.7.30労判980号81頁）。
102 前掲・三洋電機サービス事件。

Q23 労災被災者が損害賠償を請求する場合、損益相殺によって損害が減額されることはありますか。

A.

被災労働者が損害を被ると同時に、同一事由によって経済的利益を得た場合、その経済的利益分を損害賠償額から減額（損益相殺）することになります。主な損益相殺の対象としては、労災保険給付、障害厚生年金、遺族厚生年金などがあります。

解説

損害賠償の発生原因が生じたことにより、被災した労働者（またはその遺族）が損害を受けたのと同時に利益も受けた場合、その利益分を損害賠償額から控除することを損益相殺といいます。同一事由により、使用者からの損害賠償と労災保険給付が行われる場合、損害が二重に填補される結果となり、不合理であることから、損害賠償額の算定にあたっては、公平の見地から労災保険給付を受けた分を差し引くものです。

まず、労働基準法上の災害補償については、労災保険給付が行われるべき場合には免除されます（労働基準法84条1項）。また、使用者は、労基法上の災害補償を行った場合、同一事由について、その価額の限度で、損害賠償責任を免れることになります（同条2項）。

したがって、労災保険給付が行われた場合、その限度において、使用者は損害賠償義務を免れ、会社による上積み補償も損益相殺の対象となりえます。

1. 労災保険給付

労災保険給付には、①療養補償給付、②休業補償給付、③障害補償給付、④遺族補償給付、⑤葬祭料、⑥傷病補償年金および⑦介護補償給付があります。

労災保険給付に関する損益相殺にあたっては、控除の対象となる給付とい

えるか、いつまでの給付を控除すべきかが問題となります。

(1) 控除の対象となる労災保険給付

労災保険給付は、労働者が受けた損害のうち、特定の財産的損害に対して填補を行うものです。そして、損益相殺は、労災保険給付の填補対象となる特定の損害額から控除するものとされています。労災保険給付と控除される損害項目との対応は以下のとおりです。

◆療養補償給付：治療費

◆休業補償給付、障害補償給付、傷病補償年金、遺族補償給付：休業損害、逸失利益

◆葬祭料：葬儀費用

◆介護補償給付：介護費

なお、労災保険給付は、精神的損害である慰謝料や入院雑費・付添看護費等を填補するものではないと考えられており、これらの損害額から労災保険給付を控除することはできません。[103]

(2) 控除すべき時的範囲

民事上の損害賠償額の算定にあたっては、労災保険給付のうち、現実に履行された分（既払いの給付額）、または未払いであっても、民事裁判手続きの事実審の口頭弁論終結時において支給額が確定している分（口頭弁論終結時において確定している支給額）に限って損益相殺の対象となります。[104]

もっとも、支給された労災保険給付が、支給時点における損害の元本およびその遅延損害金の全部を消滅させるに足りない場合、支給額を元本から控除すべきか、または遅延損害金から控除すべきかが問題となります。また、損害の元本から控除する場合、労災保険給付支給時に損害が填補されたとすべきかも問題となります。この点について、判例[105]は、被害者が傷害を受け、後遺症が残ったという事案において、労災保険給付は損害の元本との間で損

---

103 東都観光バス事件（最判昭58.4.19民集37巻3号321頁）、青木鉛鉄事件（最判昭62.7.10民集41巻5号1202頁）。国民年金給付・厚生年金保険給付も同様（最判平11.10.22民集53巻7号1211頁、最判平16.12.20集民215号987頁）。

104 最判平5.3.24民集47巻4号3039頁。

105 最判平22.9.13民集64巻6号1626頁。

益相殺的な調整を行うべきと判示するとともに、「制度の予定するところと異なってその支給が著しく遅滞するなどの特段の事情のない限り、これらが支給され、又は支給されることが確定することにより、その填補の対象となる損害は不法行為の時にてん補されたものと法的に評価して損益相殺的な調整を」すべきであると判示しました。その後の判例[*106]は、被害者が死亡し、相続人が遺族補償年金の支給を受けた場合における民事上の損害賠償請求との損益相殺に関しても同趣旨の判断をしています。

なお、遺族補償年金および障害補償年金については、前払い一時金の最高限度（死亡の場合は給付基礎日額1000日分）までは抗弁として支払わないことができると定められています（労災保険法64条１項）。

2．会社による上積み補償

会社によっては、就業規則等で労働災害があった場合に労災給付に加えて一定額を上積みして支払う制度（いわゆる「上積み補償制度」）を定めている場合があります。

上積み補償制度と労災保険給付との関係について、上積み補償は、通常、労働災害に対する法定補償の不足を上積みする趣旨で定められていることから、原則として労災保険給付に影響はありません[*107]。もっとも、上積み補償は被災者の損害を填補するものであることから、使用者は、上積み補償をすることで、同一の事由について、その価額の限度で、損益相殺の対象となります。

したがって、上積み補償制度を設ける場合、社内規程を整備し、労災保険給付の上積み補償であることを明記するとともに、損害項目全般を対象とする場合には、その旨を規定上明らかにすることが望ましいといえます。また、上積み補償が支給された場合、会社は、その価額を限度として民事損害賠償責任を免れることも明記しておくべきです。

---

106 フォーカスシステムズ事件（最判平27.3.4民集69巻２号178頁）。
107 昭和56年６月12日発基60号。

3．損益相殺の対象とならない給付等

❶特別支給金

　被災労働者または遺族には、労災保険における社会復帰促進等事業の一環として特別支給金（休業特別支給金、障害特別支給金、遺族特別支給金等）が支給されます（労災保険法29条、労災保険特別支給金支給規則）。

　特別支給金については、被災労働者の療養生活の援護等によりその福祉の増進をはかるために行われるものであり、労働者の損害を填補する性質のものではないことから、控除の対象とはなりません。[*108]

　もっとも、特別支給金が給付されていることを慰謝料算定上の減額要素とした裁判例があり、[*109]慰謝料額の算定において特別支給金の給付が影響を与える可能性があります。

❷見舞金・弔慰金等

　労災事故後に、会社が被災労働者または遺族に対して見舞金を支払うことがあります。この点について、裁判例では、社会的儀礼上の見舞金等については損害を補填する性質を有しないとして、損益相殺を認めていない一方、[*110]損害賠償の一部支払いとしての性質が認められるケースにおいては損益相殺を認めています。[*111]

　たとえば、弔慰金の支払いについて、判例は[*112]「被告システムズが、原告花子に支払った弔慰金等合計4364万円は、いずれも、労働者災害補償保険法による遺族補償給付との調整規定の運用がなく、給付事由に該当すれば無条件に支払われ、そのうち業務外死亡弔慰金、特別弔慰金及び特別加算金は、いずれも上記調整規定が適用される遺族補償とは別に支払われること、また、特別加算金及び遺児年金は、父母または遺児の存在を要件としており、父母または遺児の生活援助を図る趣旨と解されることを考慮すれば、上記弔慰金等は、主として弔意及び遺族の生活援助の趣旨で支給されたものと解するの

108　コック食品事件（最判平8.2.23民集50巻2号249頁）。
109　サンセイほか事件（東京高判令3.1.21労判1239号28頁）。
110　最判昭43.10.3判時540号38頁。
111　ディーソルNSP事件（福岡地判平30.12.11労経速2382号12頁）、東京高判平28.8.31労判1147号62頁。
112　JFEスチール（JFEシステムズ）事件（東京地判平20.12.8労判981号76頁）。

が相当である。したがって、一郎の死亡による損害を補填するとは言えないから、これらを損害から控除することはできない」と判示しています。

したがって、会社において見舞金制度を設置する場合、見舞金の支給があった場合には、その支給額の限度で民事損害賠償責任を免れることを明記しておくことが望ましいといえます。

❸生命保険金

被災労働者が死亡した場合に生命保険契約に基づいて給付される生命保険金については、既払い保険料の対価の性質を有していることから、損益相殺の対象となりません。[113]

❹傷病手当金

被災労働者が受領した傷病手当金について、判例上は、損益相殺を否定しています。[114]その理由は、傷病手当金とは業務外の事由による疾病等に対する保険給付であり、疾病等が業務上の事由による場合、その給付は法的根拠を欠き（健康保険法55条1項）、被災労働者が受給した傷病手当金は不当利得として健康保険組合等に返還されるべきものと考えるからです。

4．過失相殺との先後

損害賠償額を算定するにあたって、過失相殺と損益相殺のどちらを先に行うことになるのでしょうか。この点について、判例上は、被災労働者または遺族が受ける損害賠償額は、過失相殺を経て確定するものであるとの考えから、[115]賠償額の算定にあたり労働者の過失を斟酌すべきときは、損害額から過失割合による減額（過失相殺）をし、その残額から労災保険給付額を控除する（控除前相殺説）立場が確立しています。

---

113 最判昭39.9.25民集18巻7号1528頁、肥後銀行事件（熊本地判平26.10.17労判1108号5頁）。

114 東芝（うつ病・解雇）事件（最判平26.3.24労判1064号22頁）。

115 使用者行為災害につき、大石塗装・鹿島建設事件（最判昭55.12.18民集34巻7号888頁）。第三者行為災害につき、高田建設従業員事件（最判平元.4.11民集43巻4号209頁）。

Q24 機械の操作ミスによる事故で負傷した場合、使用者である企業が損害賠償請求されることはありますか。

A.

　使用者が必要な安全策等を講じていなかった等の場合には安全配慮義務違反が認められ、使用者に対する損害賠償請求が認められる可能性があります。ただし、労働者に操作ミス等がある場合、その過失の程度に応じて過失相殺が行われる可能性もあります。

解説

1．安全配慮義務の内容

　判例によれば、「安全配慮義務の具体的な内容は、労働者の職種、労務内容、労務提供場所等安全配慮義務が問題となる当該具体的状況等によって異なるべきものである」[116]とされています。実際、使用者側の安全指導・教育、現場での指揮監督、作業環境の整備等、事案に応じてさまざまなレベルで安全配慮義務の内容が検討されています。

　そして、安全配慮義務の具体的な内容については、実務上、労働安全衛生関係法令や指針等が、安全配慮義務の具体的な内容や基準となりうると考えられます。この点について、安衛法や安衛規則に定める措置義務は公法上の義務であり、直ちに司法上の義務である安全配慮義務の内容となるものではないものの、裁判例では「安衛法、安衛則、有機則などの規制は、公法的規制であり、これらが直ちに安全配慮義務の内容になるものではないものの、当該規制が設けられた趣旨や具体的な状況の下において、これら規制が安全配慮義務の内容となる場合もあると解される」[117]と判示されるなど、実務的には安衛法等が定める措置義務の内容が、使用者の労働者に対する私法上の安全配慮義務の内容として認められやすい傾向にあるといえます。

---

116 川義事件（最判昭59.4.10民集38巻6号557頁）。
117 化学メーカーC社（有機溶剤中毒）事件（東京地判平30.7.2労判1195号64頁）。

もっとも、使用者において、労働災害発生の予見可能性が認められ、結果回避措置を講じることを期待しうる場合、安全配慮義務の具体的な内容は、安衛法等が定める措置に限定されるものではなく、具体的状況によって必要な措置を講じる義務が認められることになります。[118]

　また、他の裁判例[119]として、労働者が最中皮の半自動最中皮焼成機を使用して最中皮の焼成作業に従事していた際、金型に指を挟まれ火傷した事案において、「被告会社には、機械等、熱その他のエネルギーによる危険及び労働者の作業行動から生じる労働災害を防止するために必要な措置を講じなければならない義務及び労働者に対し、雇入時や作業内容変更時にて適切に安全教育を行う義務がある」と判示したものがあります。

2．過失相殺

　災害の発生について労働者に過失があった場合、その事情に応じて、使用者の責任が否定されたり、過失相殺によって損害賠償額が減額されることがあります。[120]たとえば、労働者の保護具不使用[121]や不注意[122]（たとえば、安全装置の取付け位置を正しい位置に調整しなかったこと[123]や自らの手元を注意しなかったこと[124]等）のために労働災害が発生したり、損害が拡大した場合、過失相殺されることがあります。

　裁判例[125]には、不法就労の外国人労働者が小型射出成形機の操作ミスにより

118　喜楽鉱業事件（大阪地判平16.3.22労判883号58頁）では、安衛法等の規制内容は「私法上の安全配慮義務の内容ともなり、その最低限の基準になると解するのが相当である」と判示されています。

119　種広商店事件（福岡地判平25.11.13労判1090号84頁）。

120　過失相殺の詳細は**Q22**参照。

121　大阪日倫鉱業事件（大阪高判昭53.7.21判時927号204頁）、歌工務店・橋本工業事件（東京地判昭56.3.19判時1009号128頁）、篠田鋳造所事件（名古屋高判昭58.12.26判時1108号100頁）、高橋塗装工業所事件（前橋地沼田支判平17.11.28判時935号67頁）、テクノアシスト相模（大和製罐）事件（東京地判平20.2.13判タ955号13頁）、環境施設ほか事件（福岡地判平26.12.25労判1111号5頁）等。

122　三協マテハン事件（名古屋高判平15.9.24労判863号85頁）、トオカツフーズ事件（東京高判平13.5.23判タ1072号144頁）、堀鉄工所ほか事件（東京高判平13.4.12判時1773号45頁）、セイシン企業事件（東京高判平13.3.29判時1773号152頁）等。

123　岩瀬プレス工業事件（東京地判平20.11.13労判981号137頁）。

124　製麺会社A事件（旭川地判令2.8.31労判1247号71頁）。

125　A販売株式会社事件（東京地判平5.8.31判時1479号149頁）。

被災したという事案において、「本件事故発生に至る経緯及び事故の状況等に鑑みると、原告は、現場責任者である丁原課長から操作盤には手を触れないよう注意されていたにもかかわらず、これに反して操作盤のスイッチを操作したことによって本件被害にあったというのであるから、本件事故はこのような原告の過失にも起因しているものというべきであり、これと被告会社の前示の安全配慮義務違反の内容・程度等を対比して勘案すると、前認定の原告の損害については、その三割を過失相殺によって減額するのが相当である」と判示したものがあります。

Q25 過重労働に起因して労働者が脳・心臓疾患を発症して死亡した場合、使用者である企業が損害賠償請求されることはありますか。

A.

脳・心臓疾患発症と業務との間に相当因果関係があり、かつ、使用者側に発症の予見可能性があって、発症を回避し得た場合、使用者に安全配慮義務違反が認められることがあります。

解説

　脳・心臓疾患は、業務による明らかな過重負荷が加わることによって、自然経過を超えて著しく増悪し、発症する場合があると指摘されています[126]。そこで、過重労働等による脳・心臓疾患について、労働者から使用者の安全配慮義務違反に基づく損害賠償請求訴訟が提起される場合、業務と疾病との間の相当因果関係の有無、および使用者に安全配慮義務、または注意義務の違反が認められるか否かが問題となります。

　なお、安全配慮義務違反または注意義務違反と相当因果関係の判断は、実質的に重なり合うことが多く、この点については、「客観的に見て過重な業務が課され、そのことについて使用者側の認識・予見可能性があり、健康状態の悪化についての抽象的な認識・予見可能性があれば、結果（精神障害発症・自殺）についての認識・予見可能性がなくとも、注意義務ないし安全配慮義務が生じるとともに、同義務違反と精神障害発症及び自殺との間の相当因果関係も肯定されることになる。他方、業務が客観的にみて過重なものとまで言えない場合には、精神障害発症及び自殺についての具体的な認識・予見可能性がなければ、注意義務ないし安全配慮義務が生じず、相当因果関係も認められないことになる」との指摘もあります[127]。ただし、安全配慮義務違

---

126 業務における過重な負荷による脳・心臓疾患を原因とする死亡、業務における強い心理的負荷による精神障害を原因とする自殺による死亡またはこれらの脳・心臓疾患、精神障害を「過労死等」といいます。

127 石村智「労災民事訴訟に関する諸問題について」判タ1425号（2016年）42頁。

反または注意義務違反の判断においては、さらに結果可能性はその義務の不履行が問題となります。

1．相当因果関係

　労災認定と労災民事訴訟（損害賠償請求訴訟）は、制度の基礎が異なることから、労災民事訴訟の場合における因果関係[128]は、労災認定における業務起因性が認められることによって直ちに肯定されるものではありませんが、実務上、同じ判断になることが多いと考えられます[129]。過重労働等による脳・心臓疾患の場合、実務上、相当因果関係の判断にあたっては、労災認定の際に用いられた基準を判断基準とし、同じ判断になることが多いと考えられます[130][131]。具体的には、業務による明らかな過重負荷を受けたことにより脳・心臓疾患を発症したか否かを基準としています（詳細は**Q20**参照）。

2．安全配慮義務違反

⑴　予見可能性

　業務と疾病（ないし死亡）との間の相当因果関係が認められる場合、使用者に安全配慮義務または注意義務の違反が認められるかが問題となりますが、一般に、安全配慮義務違反の前提として、結果についての予見可能性と結果回避可能性が求められています。

　この点に関して、予見可能性は相当因果関係だけでなく安全配慮義務違反

128 労災民事訴訟における因果関係の判断について、日本政策金融公庫（うつ病・自殺）事件（大阪高判平26.7.17労判1108号13頁）では「労働者が傷病等を負った場合に、それが業務に起因した傷病等であると評価するには、単に当該業務と傷病等の間に条件関係が存在するのみならず、社会通念上、業務に内在し又は通常随伴する危険の現実化として傷病等が発生したと法的に評価されること、すなわち業務と労働者の傷病との間に相当因果関係の存在が必要であると解される」と判示したものがあります。
129 前掲・判タ1425号39頁〔石村智〕では、「労災認定と労災民事訴訟は制度の基礎を異にするものであるから、行政基準に全面的に依拠して労災民事訴訟における相当因果関係を判断するのは、必ずしも正しい手法であるとは言い難いようにも思われる」と指摘されています。
130 「血管病変等を著しく増悪させる業務による脳血管疾患及び虚血性心疾患等の認定基準」（令和3年9月14日基発0914第1号）。
131 大島眞一・戸取謙治「いわゆる過労死及び過労自殺における使用者の損害賠償責任（上）」判タ1348号（2011年）37頁。

または過失の判断においても問題となることから、実務的には、多くの裁判例では、因果関係については事実的因果関係のみを検討し、安全配慮義務違反または過失の判断の中で予見可能性を検討する傾向にあります。[*132]

予見可能性の対象について、過労死（脳・心臓疾患）の事案においては、過重労働に従事することで疲労が過度に蓄積すると、労働者の心身の健康を損なう危険があることは周知の事実であることから、過重労働等に従事していることについての認識あるいは認識可能性があれば、労働者の心身の健康を損なうことについて予見可能性があるといえます。裁判例においても、心臓性突然死の発症前2か月間にわたって80時間を超える時間外労働がなされていた事案について、「使用者が認識すべき予見義務の内容は、生命、健康という被害法益の重大性に鑑み、安全性に疑念を抱かせる程度の抽象的な危惧であれば足り、必ずしも生命、健康に対する傷害の性質、程度や発症頻度まで具体的に認識する必要は無い」と判断し、結果として、会社は「業務の遂行に伴う疲労や心理的負荷等が過度に蓄積して労働者の心身の健康を損なうことがないよう注意する義務に違反していた」として、当該義務違反による不法行為責任を認めた事例があります。[*133]

(2) 安全配慮義務違反行為

使用者の不法行為法上の注意義務を対象とした事案ではありますが、判例[*134]において、「労働者が労働日に長時間にわたり業務に従事する状況が継続[*135]するなどして、疲労や心理的負荷等が過度に蓄積すると、労働者の心身の健康を損なう危険のあることは、周知のところである。労働基準法は、労働時間に関する制限を定め、労働安全衛生法65条の3は、作業の内容等を特に限定することなく、同法所定の事業者は労働者の健康に配慮して労働者の従事する作業を適切に管理するように努めるべき旨を定めているが、それは、右

---

132 大島眞一・戸取謙治「いわゆる過労死及び過労自殺における使用者の損害賠償責任（下）」判タ1349号（2011）41頁。

133 Ｏ社事件（神戸地判平25.3.13労判1076号72頁）。

134 安全配慮義務の内容と、不法行為法上の注意義務の内容とは、当然には一致しないものの、両者の実質的な違いは微少になっていると指摘されています（菅野和夫・山川隆一著『労働法（第十三版）』（弘文堂、2024年）618頁）。

135 電通事件（最判平12.3.24民集54巻3号1155頁）。

のような危険が発生するのを防止することをも目的とするものと解される。これらのことからすれば、使用者は、その雇用する労働者に従事させる業務を定めてこれを管理するに際し、業務の遂行に伴う疲労や心理的負荷等が過度に蓄積して労働者の心身の健康を損なうことがないよう注意する義務を負う」と判示されています。

そして、この注意義務の重要なポイントは「業務の量等を適切に調整するための措置をとること」と考えられており、具体的な措置としては、割り当てる課題の量の減少、課題を処理すべき時間を余裕のあるものにすること、場合によっては担当者の増員等があげられます[136]。実際の裁判例においては、上司が口頭で休暇をとるように注意していた程度では、安全配慮義務を尽くしたとはいえないと判断されている等、労働者の長時間労働や過重業務が認められる場合に業務を軽減させる措置をとっていなかったことなどを理由に安全配慮義務違反を認めています。

なお、業務の量等を適切に調整するための具体的な措置を検討する前提として、労働者の健康状態や労働実態を把握する必要があります。この点については、労働安全衛生法66条の8の3において、長時間労働防止の観点から、事業者に対して、管理監督者やみなし労働時間制が適用される労働者も含め、「労働時間の状況」[138]を把握することが義務づけられました。また、厚生労働省「労働時間の適正な把握のために使用者が講ずべき措置に関するガイドライン」（平成29（2017）年1月20日）では、労働時間の適正な把握のために使用者が講ずべき具体的な措置が列挙されています。したがって、使用者としては、労働者の「労働時間の状況」を適正に把握することで、業務軽減措置等の実質的な改善策を講じる等して、適切な労務管理を行う必要があり、労働時間の把握を怠っていたり、長時間労働の実態を漫然と放置し、

---

136 『最高裁判例解説民事篇平成12年度（上）』353〜354頁〔八木一洋〕。

137 ホテル日航大阪（脳出血死）事件（神戸地判平20.4.10労判974号68頁）。他方、業務内容がうつ病を発症させるような心理的、身体的負荷を及ぼすものとは認めがたいとして会社の安全配慮義務違反を否定した事例として、仙台高判平22.12.8労経速2096号3頁等。

138 「労働時間の状況」とは、労働基準法上の「労働時間」とは異なるものであり、労働者の健康管理という観点から把握されるもので、労務を提供しうる状態にあった時間を指します（平成31年3月29日基発0329第2号）。

使用者として講ずべき措置を行っていなかった場合、安全配慮義務違反になります。

たとえば、裁判例[139]において、長時間労働によって医師が内因性心臓死により死亡したという事案で「被告法人は、心臓血管内科医らが客観的にどの程度の時間被告病院に滞在し、そのうちどの程度の時間労働を行っていたのかについて把握せず、心臓血管内科医らの自ら申請する時間外労働時間のみを把握するにとどまり、心臓血管内科医らの勤務体制を見直すなどの対策を立てていなかったと認められることに照らせば、被告は、労働者の死亡を含む何らかの健康状態の悪化を予見できたのに、労働者の労務負担の軽減のために具体的な方策をとらなかったといえ、使用者としての安全配慮義務違反があったと認められる」と判示されています。

3．過失相殺

不法行為または債務不履行のいずれの場合であっても、損害の公平な分担という観点から、損害の発生や拡大に労働者側の過失が影響している場合、過失相殺が行われます（詳細はQ22参照）。過失相殺については、主に労働者が基礎疾患を有していた場合[140]や労働者自身の健康管理[141]が問題となります。たとえば、裁判例[142]において、長時間労働により脳出血で死亡した労働者が健康診断において高血圧を継続的に指摘されていたにもかかわらず病院を受診していなかったという事案で「業務とは無関係に、本件脳出血の発症につながる要因があったということができるだけでなく、労働者自身も、勤務先会

---

139 その他の裁判例として、業務日報の作成を義務づけるだけでは労働時間を客観的に把握することはできないといえ、長時間労働や心理的負荷のかかる業務に対し作業内容の軽減等適切な措置をとらなかったとして安全配慮義務違反を認めた事案として、デザイン制作印刷会社事件（大阪地判平22.9.29判時2133号131頁）、タイムカードを確認して労働時間を把握しようとせず、長時間労働等を漫然と放置したと判断された事案として、日本赤十字社（山梨赤十字病院）事件（甲府地判平24.10.2労判1064号52頁）、管理監督者の労働時間を把握せず、長時間労働で心身を害さないための適切な措置をとるべき義務に違反したと判断された事例として、ネットワークインフォメーションセンターほか事件（東京地判平28.3.16判例1141号37頁）、労働者の労働時間が極めて長時間に及んでいることを認識していたにもかかわらず、労働者から時間外労働の状況を積極的に尋ねたり、業務による負荷がどの程度あるのかを聴取することもなく、その業務負担を減らすために人員体制を見直すなどしたことも特段認められなかったとして安全注意義務に違反すると判断された事案としてアルゴグラフィックス事件（東京地判令2.3.25労判1228号63頁）等。

社に対して高血圧につき治療中である旨の虚偽申告を複数年にわたってしなければならないほど、自らの高血圧の症状が医師による治療を要する重篤なものである旨を十分認識していたということができる」として、5割の過失相殺を認める判断がされたものがあります。

140 急性大動脈解離により死亡した労働者について、既往症である高血圧性心疾患が大動脈解離の発症に一定程度関与したことは否定しがたいことや、労働者が、会社の準備した健康診断を受検しなかったこと等に照らして、素因減額を2割の限度で認めた事例として、太陽家具百貨店事件（広島高判平31.3.7労判1211号137頁）、急性心筋梗塞により死亡した労働者について、ブルガダ型様の心電図波形にかかる疾患が死亡に一定程度関与していたこと、営業所における業務軽減のための措置をとるように求めることは労働者の職責であったことを考慮し、2割の過失相殺を認めた事例として、住友電工ツールネット事件（千葉地松戸支判平26.8.29労判1113号32頁）等。
141 致死性不整脈により死亡した労働者について、業務と関係ない冠危険因子を有していたこと、喫煙をやめるように指摘されていたのに喫煙を続けていたこと、運動するように指摘されていたのに運動もせず肥満を解消することもなかったこと、食事制限もせず脂っこい食事や甘い飲料を日常的に摂取していたこと等に照らし、3割の過失相殺を認めた事例として、竹屋ほか事件（津地判平29.1.30労判1160号72頁）、心臓性突然死により死亡した労働者について、労働者が自らの従事する作業についてある程度主体的に選択しうる立場にあったことから、自らにおいても業務量を適正なものとし、休息や休日を十分にとることにより疲労の回復に努めるべきであったことは否定できないとし、3割の過失相殺を認めた事例として、山元事件（大阪地判平28.11.25労判1156号50頁）等。
142 サンセイほか事件（東京高判令3.1.21労判1239号28頁）。

Q26 職場におけるいじめやハラスメントが心理的負荷となり、労働者が精神疾患等を発症して自殺した場合、使用者である企業が損害賠償請求されることはありますか。

A.

　精神障害の発症と業務との間に相当因果関係があり、かつ、使用者側に発症の予見可能性があって、発症を回避しえた場合、使用者に安全配慮義務違反が認められます。

解説

　職場におけるハラスメントによって労働者が精神疾患を発症して自殺した場合に、遺族が使用者に対して民事上の損害賠償請求を行うときの法的構成としては、たとえば、被用者（加害者）が職務遂行にあたって不法行為を行ったことに基づく使用者責任（民法715条）や使用者の職場環境配慮義務違反に基づく債務不履行責任が考えられます。

1．相当因果関係

　不法行為または債務不履行のいずれの場合でも、業務と結果（死亡）との間に因果関係が必要です。心理的負荷による精神障害の場合、実務上、相当因果関係の判断にあたって労災認定基準を判断基準とし[143]、同じ判断になることが多いと考えられます[144]。具体的には、対象疾病を発病しており、当該対象疾病の発病の前おおむね6か月の間に業務による強い心理的負荷が認められるか否かを基準としています（詳細は**Q20**参照）。

2．ハラスメントの不法行為該当性

（1）ハラスメントとは

　ハラスメントの判断基準は、法律で一義的に定まっておらず、次に掲げる

143　「心理的負荷による精神障害の認定基準」（平成23年12月26日基発1226第1号、改正：令和2年8月21日基発0821第4号）。

法律および指針がハラスメントの定義を定めています。それらのハラスメントに該当するか否かを検討するにあたっては、実務上、これらの法令および指針を参照することになります。

〔セクシャルハラスメント〕

◆法令：男女雇用機会均等法11条

◆指針：事業主が職場における性的な言動に起因する問題に関して雇用管理上講ずべき措置等についての指針

◆定義：職場のセクシャルハラスメントとは、職場において行われる労働者の意に反する性的な言動により、労働者が労働条件について不利益を受けたり、就業環境が害されること

〔パワーハラスメント〕

◆法令：労働施策総合推進法30条の2

◆指針：事業主が職場における優越的な関係を背景とした言動に起因する問題に関して雇用管理上講ずべき措置等についての指針

◆定義：職場のパワーハラスメントとは、職場において行われる①優越的な関係を背景とした言動であって、②業務上必要かつ相当な範囲を超えたものにより、③労働者の就業環境が害されるものであり、①から③までの要素をすべて満たすもの

〔妊娠・出産・育児休業等ハラスメント〕

◆法令：男女雇用機会均等法11条の3

◆指針：事業主が職場における妊娠、出産等に関する言動に起因する問題に関して雇用管理上講ずべき措置等についての指針

◆法令：育児介護休業法25条等

◆指針：子の養育又は家族の介護を行い、又は行うこととなる労働者の職業生活と家庭生活との両立が図られるようにするために事業主が講ずべき措置等に関する指針

◆定義：職場の妊娠・出産・育児休業等ハラスメントとは、職場において行

---

144 大島眞一・戸取謙治「いわゆる過労死及び過労自殺における使用者の損害賠償責任（上）」判タ1348号（2011年）37頁。

われる上司・同僚からの言動（妊娠・出産したこと、育児休業、介護休業
等の利用に関する言動）により、妊娠・出産した女性労働者や育児休業・
介護休業等を申出・取得した男女労働者の就業環境が害されること

(2) ハラスメントの不法行為責任

　ハラスメント行為の不法行為責任の有無を検討するにあたっては、ハラス
メントに該当すれば直ちに不法行為が認められるというわけではなく、上記
各法令・指針に基づく各ハラスメントの定義等を参照しつつ、別途、「違法
性」の要件充足性を検討することになります。実際、裁判例において「パワ
ハラ等が不法行為に該当するか否かは、行われた日時場所、行為態様や行為[*145]
者の職業上の地位、年齢、行為者と被害を訴えている者が担当する各種職務
の内容や性質、両者のそれまでの関係性等を請求原因事実として主張して当
該行為を特定し、行為の存否やその違法性の有無等を検討することにより判
断される」と判示されています。

　また、ハラスメント行為が不法行為と認められる場合、加害従業員を雇用
する企業は民法715条の使用者責任を負う可能性があります。また、会社等
の法人代表者が行為者である場合、会社は、会社法350条等に基づき損害賠
償責任を負うことになります。

3. 安全配慮義務違反

(1) 予見可能性

　精神疾患の発病は、環境由来の心理的負荷と、個体側の反応性、脆弱性と
の関係で決まり、心理的負荷が非常に強ければ、個体側の脆弱性が小さくて
も精神的破綻が起こると考えられています（「ストレス―脆弱性理論」）。業
務と疾病（ないし死亡）との間の相当因果関係が認められる場合、次に使用

---

145 ユーコーコミュニティー従業員事件（横浜地相模原支判令4.2.10労判1268号68頁）。また、甲府
　　市・山梨県（市立小学校教諭）事件（甲府地判平30.11.13労判1202号95頁）においても「パワハラ
　　の定義に該当する行為があっても，それが直ちに不法行為に該当するものではないと解され，それ
　　がいかなる場合に不法行為としての違法性を帯びるかについては、当該行為が業務上の指導等とし
　　て社会通念上許容される範囲を超えていたか、相手方の人格の尊厳を否定するようなものであった
　　等を考慮して判断するのが相当である」と判示されています。

者に安全配慮義務または注意義務の違反が認められるかが問題となり、具体的には予見可能性が争点となります。

　この点について、精神障害の事案における予見可能性については「過重な業務への従事」に対する認識あるいは認識可能性の有無を検討しており、うつ病等の具体的な疾病の発症や自殺の可能性についての認識は不要とされる傾向にあります。たとえば、裁判例では、病院に勤務する臨床検査技師がうつ病エピソードを発症し、その影響により自殺した事案において、「長時間にわたり業務に従事する状況が継続するなどして疲労や心理的負荷等が過度に蓄積すると、労働者の心身の健康を損なう危険性のあることは周知の事実であり、うつ病等の精神障害を発症した者には自殺念慮が出現して自殺に至ることは社会通念に照らして異常な出来事とはいえないから、長時間労働等によって労働者が精神障害を発症し自殺に至った場合において、使用者が、長時間労働等の実態を認識し、又は認識し得る限り、使用者の予見可能性に欠けるところはないというべきであって、予見可能性の対象として、うつ病等の精神障害を発症していたことの具体的認識等を要するものではないと解するのが相当である」と判示されています。

(2) 安全配慮義務違反行為

　安全配慮義務の内容としては、判例を引用し、「使用者は、その雇用する労働者に従事させる業務を定めてこれを管理するに際し、業務の遂行に伴う疲労や心理的負荷等が過度に蓄積して労働者の心身の健康を損なうことがないよう注意する義務を負うと解するのが相当であり、使用者に代わって労働者に対し業務上の指揮監督を行う権限を有する者は、使用者に前記注意義務の内容に従って、その権限を行使すべきである」と判示する裁判例が多いといえます。なお、安全配慮義務の具体的な内容は事案に応じて検討する必要

---

146 医療法人雄心会事件（札幌高判平25.11.21労判1086号22頁）。その他、精神障害の事案における予見可能性について判断した裁判例としては、アテスト（ニコン熊谷製作所）事件（東京高判平21.7.28労判990号50頁）、日本赤十字社（山梨赤十字病院）事件（甲府地判平24.10.2労判1064号52頁）、マツダ（うつ病自殺）事件（神戸地姫路支判平23.2.28労判1026号64頁）、九電工事件（福岡地判平21.12.2労判999号14頁）等。
147 電通事件（最判平12.3.24民集54巻3号1155頁）。

があることから、使用者において労働者の精神疾患を認識している場合には、主治医等の意見を踏まえた対応を検討することが望ましいといえます。

4．過失相殺

不法行為または債務不履行のいずれの場合であっても、損害の公平な分担という観点から、損害の発生や拡大に労働者側の過失が影響している場合、過失相殺が行われます（詳細は**Q22**参照）。

過失相殺にあたっては、労働者が基礎疾患を有していた場合や労働者自身の健康管理が問題となりますが、業務とうつ病等の精神障害の発病（さらに自殺）との間に因果関係が認められ使用者等の安全配慮義務違反がある場合、労働者の事情を考慮して過失相殺する事例は多くありません。

たとえば、労働者の性格等が、精神障害の発症等に寄与したとしても、判例においては[148]「企業等に雇用される労働者の性格が多様のものであることはいうまでもないところ、ある業務に従事する特定の労働者の性格が同種の業務に従事する労働者の個性の多様さとして通常想定される範囲を外れるものでない限り、その性格及びこれに基づく業務遂行の態様等が業務の過重負担に起因して当該労働者に生じた損害の発生又は拡大に寄与したとしても、そのような事態は使用者として予想すべきものということができる。（中略）したがって、労働者の性格が前記の範囲を外れるものでない場合には、裁判所は業務の負担が過重であることを原因とする損害賠償請求において使用者の賠償すべき額を決定するに当たり、その性格及びこれに基づく業務遂行の態様等を、心因的要因としてしんしゃくすることはできないというべきである」と判示されています。

したがって、労働者の性格が同種の業務に従事する労働者の個性の多様さとして通常想定される範囲を外れるものでない限り[149]、過失相殺事由とすることはできません。

148　前掲・電通事件。

149　たとえば、デンソー（トヨタ自動車）事件（名古屋地判平20.10.30労判978号16頁）では、原告が執着性格、森田神経質に分類される性格傾向を示すこと、平均的な従業員よりも精神的に脆弱であったこと等の事情を総合して判断し、3割の素因減額が肯定されました。

Q27 労働災害が起きた場合に、会社は刑事責任を負うことがあるのでしょうか。

A.

　会社は労働基準法や労働安全衛生法上の各義務を負っており、これらの義務に違反した場合、違反した従業員だけでなく、会社も刑事責任を負う場合があります。また、労働災害により従業員の死傷が生じた場合、会社の代表者や監督すべき地位にあった従業員も刑事責任を負う場合があります。

解説

1．労働法令上、会社が負うべき義務とその違反

　労働法令には、使用者が負うべき義務を定め、その違反に対して刑罰を科す規定が多くあります。たとえば、労働基準法32条1項は、「使用者は、労働者に、休憩時間を除き1週間について40時間を超えて、労働させてはならない。」と規定し、1週間40時間の労働時間規制を課していますが、かかる規制の違反については刑罰が予定されています（同法119条1号）。違反行為の主体となる「使用者」は事業主が法人である場合は、その違反行為を行った従業員等の自然人であると解されています。したがって、たとえば、労働時間規制の違反については、その労働時間の管理を行う部長等が違反行為の主体となります。

　さらに、労働基準法は、「この法律の違反行為をした者が、当該事業の労働者に関する事項について、事業主のために行為した代理人、使用人その他の従業者である場合においては、事業主に対しても（中略）罰金刑を科する。」（同法122条1項）と定め、いわゆる両罰規定を定めています。これは、上記のとおり、労働基準法に違反する行為を行ったのは従業員ですが、事業主たる会社もその刑事責任を負うことを定めるものとなります。

たとえば、裁判例[150]には、4名の従業員に対し違法な長時間労働を行わせた会社に対し、罰金50万円を科しています。もっとも、企業として負う刑事責任は上記のとおりであったとしても、当該事件は、新聞、テレビ等で大きく報道され、当該企業の社会的信用が大きく低下し、業績へも悪影響を及ぼし、代表者も辞任するまでに至りました。

2．労働災害の場合の、会社、代表者および従業員が負うべき義務

　上記のとおり、労働法令に違反する行為について、違反行為を行った個人と会社の双方が刑事責任を科されることがありますが、労働災害により、たとえば死傷の結果が生じた場合、別途刑法上の責任を負うこともあります。

　具体的には、落下の危険がある場所で業務をしていた従業員が、落下により死亡した労災事故については、労働安全衛生法違反の罪と刑法の業務上過失致死罪（刑法211条）が問題となります。

　すなわち、労働安全衛生法21条2項は、「事業者は、労働者が墜落するおそれのある場所、土砂等が崩壊するおそれのある場所等に係る危険を防止するため必要な措置を講じなければならない。」旨規定し、かかる規定の違反については刑事罰を規定しています（安衛法120条1号）。また、両罰規定は労働安全衛生法においても規定されており、会社に対する刑罰が予定されています（安衛法122条）。

　さらに、労働災害の場合、業務上必要な注意を怠り、よって人を死傷させた場合、業務上の注意義務を負うべき代表者または従業員があわせて刑法上の責任を負う場合があります。

　たとえば、裁判例[151]には、派遣従業員が開口部から落下し、後頭部の打撲により死亡した事案において、会社および指揮監督・安全管理を行っていた従業員に対し、開口部に手すり等を設けて危険防止措置を講じなかったこと等について、会社には労働安全衛生法違反の罪（安衛法119条1号、21条2

150　電通事件（東京簡判平29.10.6 WLJP10066004）
151　大阪地判平31.4.24WLJP04246013

項、122条、安衛規則519条1項等）、当該従業員には業務上過失致死罪（刑法211条前段）を認め、会社に罰金30万円、従業員に罰金40万円を科したものがありました。このように、会社が刑事責任を負うだけでなく、関与した従業員も刑事責任を負う場合があります。

　以上のとおり、労働災害は発生した場合、労働法令に違反した従業員だけでなく、会社が刑事責任を負うほか、当該従業員も刑法上の刑事責任を負う場合があり、留意が必要です。さらに、前記1.のとおり、会社やその従業員が刑事手続きの対応を行うということは、報道等により、会社の社会的信用を大きく低下させ、業績にも悪影響を及ぼすとともに、個人に対しても大きな負担が生じるものになりますので、労働法令の遵守徹底が非常に重要となります。

第**2**章

労働災害と役員の責任

Q28 従業員の労働時間管理や健康の確保について、会社の取締役は一般にどのような義務を負うのでしょうか。

A.

　裁判例上、取締役は、会社に対する善管注意義務の一内容として、会社が使用者としての安全配慮義務を遵守するよう職務を行うべき義務を負うとされています。また、従業員に対する不法行為責任を肯定した裁判例も存在し、従業員との関係で直接の注意義務違反が問題とされる可能性もあります。

解説

1. 善管注意義務としての安全配慮義務の遵守義務

　会社は、使用者として雇用する従業員に対して安全配慮義務を負います（労働契約法5条、労働安全衛生法3条）。このような使用者の従業員に対する安全配慮義務は、労働契約上の付随義務として使用者に課されるものであるため、労働契約の当事者ではない会社の取締役個人が義務の主体となるものではありません。[*152]

　もっとも、使用者の従業員に対する安全配慮義務に関するリーディング・ケースである電通事件（最判平12.3.24民集54巻3号1155頁）は、「使用者は、その雇用する労働者に従事させる業務を定めてこれを管理するに際し、業務の遂行に伴う疲労や心理的負荷等が過度に蓄積して労働者の心身の健康を損なうことがないよう注意する義務を負うと解するのが相当であ」るとするのに続けて、「使用者に代わって労働者に対し業務上の指揮監督を行う権限を有する者は、使用者の右注意義務の内容に従って、その権限を行使すべきである」と判示しています。そして、株式会社の取締役は、会社に対し、

---

152 おかざき事件（大阪高判平19.1.18（変更判決平19.1.23）労判940号58頁）。

善良な管理者の注意をもってその職務を行う義務（善管注意義務）を負うことから（会社法330条、民法644条）、このような取締役の善管注意義務の一内容として、会社が使用者としての安全配慮義務を遵守するように職務を行うべき注意義務を認める裁判例が複数存在します。

　すなわち、大庄ほか事件（大阪高判平23.5.25労判1033号24頁）は、長時間労働による従業員の死亡事案において、会社の安全配慮義務違反を肯定したうえで、取締役についても、「取締役は、会社に対する善管注意義務として、会社が使用者としての安全配慮義務に反して、労働者の生命、健康を損なう事態を招くことのないよう注意する義務を負」うと述べ、悪意または重過失による任務懈怠を認めて会社法429条1項の責任を肯定しました[153]。また、その後も、サン・チャレンジほか事件・東京地判平26.11.4労判1109号34頁や、フルカワほか事件・福岡高判令元.7.18労判1223号95頁、サンセイほか事件・東京高判令3.1.21労判1239号28頁、株式会社まつりほか事件・東京高判令4.3.1判時2543・2544号75頁、肥後銀行事件・福岡高判令4.3.4金法2190号94頁において同様に、取締役の善管注意義務として会社が安全配慮義務を遵守するよう職務を行うべき義務の存在が肯定されています。

　このように、裁判例上、取締役は、会社が使用者としての安全配慮義務を遵守するよう職務を行うべき善管注意義務を負うとする解釈が確立されており、一般に、会社に安全配慮義務違反があった場合、会社だけでなく取締役個人としての責任も問題となりえます（個別の事情に応じて課される善管注意義務の具体的な内容の相違については後記**Q29**参照）。

2. 不法行為上の注意義務

　会社が安全配慮義務を遵守するよう職務を行うべき取締役の善管注意義務

153　平成17年改正前の旧商法の適用下での、会社の安全配慮義務違反に係る取締役の同法266条の3第1項（現在の会社法429条1項に相当）に基づく責任が問題とされた事案において、同様の取締役の職務上の注意義務を肯定した裁判例として、滋賀・知的障害者虐待事件（大津地判平15.3.24判タ1169号179頁）、南大阪マイホームサービス（急性心臓死損害賠償）事件（大阪地堺支判平15.3.24労判854号64頁）、水戸地判平16.3.31判タ1213号220頁、前掲・おかざき事件、名神タクシーほか事件（神戸地尼崎支判平20.7.29労判976号74頁）があります。

違反が肯定された事案においては、取締役の従業員に対する不法行為責任を肯定した裁判例も存在します（前掲・大庄ほか事件等）。

　したがって、取締役は、一定の場合には、従業員の労働時間管理や健康の確保に関して、会社に対する善管注意義務だけでなく、従業員との関係で直接の注意義務違反が問題とされる可能性があることにも留意が必要となりま[154]す。

---

154 上記 **1.** のとおり、本来、取締役は使用者の従業員に対する安全配慮義務の主体となるものではなく、善管注意義務もあくまで会社との関係で負う義務であることから、理論上は、取締役のこれらの義務違反は、直ちに従業員との関係で不法行為責任を基礎づけることにはならないはずです。そのため、取締役の従業員に対する不法行為責任が肯定される場面とは、あくまで具体的な事案において、取締役の職務執行が従業員の生命・健康との関係で加害行為（故意または過失による権利・法益侵害）に当たると評価される場合になると考えられます（もっとも、そのような場合には、会社の安全配慮義務違反も当然に肯定されることが通常であると思われます）。

Q29 会社の規模によって、従業員の労働時間管理や健康の確保に関して取締役として負う善管注意義務の具体的な内容に違いがあるのでしょうか。

A.

組織化された一定規模以上の会社では、各取締役が個別の従業員の労務管理の状況を逐一把握することは現実的ではなく、代表取締役や人事部等の所管取締役が労務管理体制の構築・運用義務を負い、その他の取締役は取締役会を通じて当該体制を監視・是正する義務を負うことになると解されます。また、これらの取締役が具体的にどのような体制を構築するかについては、各社の状況を踏まえた経営判断事項として裁量が認められています。

解説

1. 会社の規模や組織体制等に応じた取締役の労務管理上の権限や責任の所在

前記**Q28**のとおり、裁判例上、取締役は、会社が使用者としての安全配慮義務を遵守するよう職務を行うべき善管注意義務を負うとする解釈が確立されています。そして、会社の安全配慮義務違反に係る取締役の責任を肯定した裁判例の多くは、被告とされた取締役について、長時間労働やハラスメント行為等に対する個別具体的な認識または認識可能性を検証し、これが認められるにもかかわらず、長時間労働やハラスメント行為等を是正・解消するための体制構築や措置を講じていなかったことを理由に、上記の善管注意義務違反を肯定しています。[*155]

しかし、実際には、会社の規模や組織体制等の状況に応じて、従業員の労務管理に関する取締役の権限や責任の分担のあり方も異なってきます。特に、上場会社に代表されるような組織化された一定規模以上の会社では、各取締役が個別の従業員の労務管理の状況を逐一把握することはおよそ現実的

---

155 たとえば、大庄ほか事件（大阪高判平23.5.25）は、被告とされた取締役らについて、「石山駅店における労働者の労働状況を把握しうる組織上の役職者であって、現実の労働者の労働状況を認識することが十分に容易な立場にあった」と認定したうえで、かかる認定を前提に「控訴会社をして、労働者の生命・健康を損なうことがないような体制を構築させ、長時間勤務による過重労働を抑制させる措置をとらせていたとは認められない」と判示しています。

ではなく、労務管理を担当する部門（典型的には人事部や総務部）がかかる業務を担い、会社の業務執行全般を統括する代表取締役や当該部門を所管する取締役がこれを統括する権限と責任を負うことが通常です。そして、その他の取締役は、取締役の職務執行の監督機関である取締役会（会社法362条2項2号）の構成員として、代表取締役や所管取締役の業務執行を監視する形で職務を遂行することになります（いわゆる監視義務）[156]。

2．労務管理上の権限や責任の分担に応じた善管注意義務の具体的な内容

(1) 労務管理体制の構築・運用義務と監視義務

このような、一定規模以上の組織化された会社における労務管理に関する権限や責任の分担を前提に、各取締役が、善管注意義務として、労務管理に関して具体的にいかなる対応をとることが要求されるのかを明らかにしたのが、肥後銀行事件（福岡高判令4.3.4金法2190号94頁）です。

すなわち、同裁判例は、「会社は従業員の健康等に対する安全配慮義務を遵守し、その労務管理において従業員の労働時間を適正に把握するための労働時間管理に係る体制を構築・運用すべき義務を負」うとしたうえで、「代表取締役及び労務管理を所掌する会社の取締役も、その職務上の善管注意義務の一環として、上記会社の労働時間管理に係る体制を適正に構築・運用すべき義務を負っているものと解される。また、代表取締役及び労務管理を所掌する取締役以外の取締役は、取締役会の構成員として、上記労働時間管理に係る体制の整備が適正に機能しているか監視し、機能していない場合にはその是正に努める義務を負っているものと解される」（下線は筆者による）と判示しました。同裁判例のかかる判示は、労働時間管理の体制構築・運用について、デリバティブ取引のリスク管理体制構築義務について判断したヤクルト本社事件（東京高判平20.5.21判タ1281号274頁）と同様の考え方を採用したものと評価することができます。

このように、一定規模以上の組織化された会社において、会社が使用者と

156　最判昭48.5.22民集27巻5号655頁。

しての安全配慮義務を遵守するよう職務を行うべき取締役の善管注意義務は、代表取締役や所管取締役との関係では労務管理体制の構築・運用義務として具体化され、その他の取締役については、取締役会の構成員としてかかる体制を監視・是正するという形で義務を尽くすことが求められることになります。そして、会社の使用者としての安全配慮義務の問題は、労働時間管理による過重労働の防止にとどまらないことからすれば、このような解釈は、ハラスメント防止体制などその他の労務管理上の問題についても同様に妥当するものと考えられます。[157]

(2) 労務管理体制の具体的な内容と経営判断原則

また、前掲・肥後銀行事件は、労働時間管理に係る体制の具体的な内容の決定については、専門的な知識や経験を要する業務であることに加え、システム整備への投資や専従する人員の配置を必要とすることを理由に、労働基準法等の法令を遵守する限りにおいて代表取締役および労務管理を所管する取締役の裁量権を認め、いわゆる経営判断原則を適用している点においても注目されます。[158]

ただし、同裁判例は、「労働時間適正把握基準[159]は、上級行政機関が下級行政機関及び職員に対してその職務権限の行使を指揮し、職務に関して命令するために発する通達であり、法規としての性質は持たないが、裁判所が使用者等の善管注意義務違反の有無を判断するに当たって参照すべき規範であると解される」と述べたうえで、その当てはめにおいても、肥後銀行における労働時間管理体制が労働時間適正把握基準に違反していたか否かを問題としており、体制の具体的な内容について、法令等に違反する場合に限らず、取

---

157 阿南剛「取締役の労務管理体制構築義務─肥後銀行株主代表訴訟第一審判決の検討」NBL1212号（商事法務、2022年）30頁も、「労働時間管理体制の構築・運用義務の問題は、労働時間の問題にとどまらず、ハラスメントなど広く労働者の心身の健康を損なうリスクについて当てはまることになりそうである」と述べています。

158 この点も、前掲・ヤクルト本社事件の判断を踏襲するものとなります。

159 厚生労働省労働基準局長「労働時間の適正な把握のために使用者が講ずべき措置に関する基準」（平成13年4月6日基発339号）。なお、同基準は、厚生労働省労働基準局長「労働時間の適正な把握のために使用者が講ずべき措置に関するガイドライン」（平成29年1月20日基発0120第3号）をもって廃止されましたが、引き続き同ガイドラインが同様の位置づけとして機能するものと考えられます。

締役の裁量の幅には一定の制約が存在することを前提としている点にも留意が必要です。[*160]

---

160 前掲・NBL1212号30頁〔阿南剛〕も、同裁判例（その第一審判決である熊本地判令3.7.21判時2535号102頁）について、厳密にいえば、労働時間適正把握基準に違反した場合の取締役の裁量逸脱について判断していないとしつつ、労働時間管理体制の内容が労働時間適正把握基準に違反する場合には、法令違反の場合と同様に、取締役の裁量逸脱が認められることになりそうであると述べています。

Q30 労災について役員責任の追及がなされた場合、その具体的な方法としてはどのようなものが考えられますか。同一の労災であっても、それぞれの方法によって、役員責任の有無が異なる場合もありうるのでしょうか。

A.

　労災の発生について取締役の善管注意義務違反を主張して役員責任を追及する場合、①会社法429条１項に基づく対第三者責任を追及する方法と、②同法423条１項に基づく任務懈怠責任を追及する方法が考えられます。労災被災者やその遺族が取締役個人に対して損害賠償請求する場合には、①同法429条１項に基づく対第三者責任を追及するほうが直截であり、実務上も一般的です。もっとも、②同法423条１項の任務懈怠責任は、故意または過失が要件とされるのに対して、①同法429条１項の対第三者責任は、悪意または重過失が要件とされているため、相対的には責任が認められるハードルが高いという面もあります。

解説

1. 役員責任の追及の方法

　労災の発生について取締役の善管注意義務違反が認められる場合、これを理由として当該取締役に対して役員責任を追及する方法として、理論的には、①会社法429条１項に基づく対第三者責任を追及する方法と、②同法423条１項に基づく任務懈怠責任を追及する方法の２つが考えられます。

　(1) 会社法429条１項の対第三者責任

　会社法429条１項は、役員等がその職務を行うについて悪意または重大な過失があった場合における、第三者に対する損害賠償責任について定めるものです。本条項の定める役員等の対第三者責任は、第三者保護のための特別の法的責任であって、役員等の会社に対する任務懈怠行為について悪意または重過失があり、これによって第三者に損害を被らせたときは、相当因果関係が認められる限り、それが第三者が直接的に被った損害（直接損害）であるか、会社に損害が生じた結果として二次的に第三者が被った損害（間接損

害）であるかにかかわらず、当該第三者に対して損害賠償責任を負うものと解されています。[*161]

　そのため、労災被災者やその遺族が、労災により被った損害について、取締役の善管注意義務違反（会社が使用者としての安全配慮義務を遵守するよう職務を行うべき義務の違反）を理由に取締役個人に対して損害賠償請求をする場合には、基本的に本条項に基づき対第三者責任を追及することになると思われます。実際に、労災に関する役員責任が問題とされた多くの裁判例においても、本条項の対第三者責任を根拠として損害賠償請求がなされている事案が大半となります。

　本条項は、第三者の役員等に対する直接の損害賠償請求権について定めるものであることから、所定の要件を充たして損害賠償請求権の発生が認められる限り、その行使について特段の手続き等は求められていません。そのため、裁判外でこれを行使して損害の賠償を求めることも可能であるほか、裁判所の訴訟手続きによりこれを行使しようとする場合には、通常の損害賠償請求訴訟と同様に、役員等を被告として訴えを提起すれば足りることになります。

⑵　会社法423条1項の任務懈怠責任

　会社法423条1項は、役員等がその任務を怠った場合の会社に対する損害賠償責任について定めるものです。本条項の定める任務懈怠責任は、役員等の会社に対する任用契約上の債務不履行責任であることから、本条項は、民法415条の特則として位置づけられることになります。

　そして、本条項に基づく損害賠償請求権は、あくまで役員等と会社との間で生じるものですが、[*162]株主は、株主代表訴訟により会社に代位してこれを行使することで、自らが原告となって役員責任を追及することができます（同法847条）。すなわち、本条項に基づき役員等に対して任務懈怠責任を追及しようとする株主は、まず会社に対して提訴請求を行い、請求日から60日以内

161　最判昭44.11.26民集23巻11号2150頁。

162　公開会社の場合、6か月（これを下回る期間を定款で定めた場合にあっては、その期間）前から引き続き株式を有する株主（定款の定めによりその権利を行使することができない単元未満株主を除く）。

に訴訟提起されなければ、会社のために自らが原告となり役員等に対して訴訟提起することが可能となります。

　もっとも、株主代表訴訟による場合も、役員等による損害賠償はあくまで会社に対してなされるため、労災被災者に生じた損害が填補されることにはなりません。役員等の任務懈怠行為により会社に生じた損害が填補された結果、その保有する株式について毀損されていた企業価値分の株式価値が回復するといった間接的な利益しか得られないことから、労災被災者による被害回復の方法として直截とはいいがたい面があります。[*163]

2. それぞれの責任に関する過失要件の相違

　上記のとおり、①会社法429条1項に基づく対第三者責任は、損害賠償責任が認められる要件として任務懈怠についての悪意または重過失が必要とされていることから、②同法423条1項に基づく任務懈怠責任と比較して、軽過失の任務懈怠による場合の損害賠償責任の成否という点において相違があることになります。

　そのため、理論上は、同一の労災であっても、②任務懈怠により会社に生じた損害について損害賠償責任を負う一方で、任務懈怠について重過失までは認められないために、①第三者に生じた損害賠償責任は否定されるという場合が生じうることになります。

163　労災に関して株主代表訴訟により本条項に基づく任務懈怠責任が追及された公開裁判例として本書執筆時点で確認することができるのは、肥後銀行事件（福岡高判令4.3.4）のみとなります。

Q31 労災の発生について取締役に（悪意または重過失の）任務懈怠が認められる場合に、会社法429条1項の対第三者責任と同法423条1項の任務懈怠責任とで、賠償すべき損害はどのように異なるのでしょうか。

A.

　いずれも取締役の任務懈怠行為と相当因果関係のある損害を賠償すべきことになりますが、会社法429条1項の対第三者責任は第三者（労災被災者）に生じた損害を賠償するものであるのに対して、同法423条1項の任務懈怠責任は会社に生じた損害を賠償するものである点で、両者は異なります。

解説

1．会社法429条1項の対第三者責任が認められる場合に賠償すべき損害の範囲

　前記**Q30**のとおり、会社法429条1項の対第三者責任は、役員等の悪意または重過失の任務懈怠行為によって第三者に損害を被らせた場合、任務懈怠行為と損害との間に相当因果関係が認められる限り、それが第三者が直接的に被った損害（直接損害）であるか、会社に損害が生じた結果として二次的に第三者が被った損害（間接損害）であるかにかかわらず、当該第三者に対して損害賠償責任を負うものと解されています。[164]

　労災被災者やその遺族が、本条項に基づき取締役個人に対して損害賠償請求をする場合、労災によって労災被災者が直接的に被った損害について賠償を求めることになるため、直接損害の類型に該当することになります。直接損害の場合、任務懈怠行為と第三者の損害との間の相当因果関係（民法416条）が問われることになりますが、[165]労災被災者が労災によって被った損害（入通院費用等の実費のほか、逸失利益や休業損害、慰謝料等）について、相当因果関係の有無が厳格に問題になる場面はあまり多くはないと思われます。特に、

164　最判昭44.11.26民集23巻11号2150頁。
165　東京地方裁判所商事研究会編『類型別会社訴訟Ⅰ〔第三版〕』（判例タイムズ社、2011年）341頁。

取締役に長時間労働やハラスメント行為等に対する個別具体的な認識または認識可能性が認められる事案では、賠償すべき損害の範囲は、会社に対する安全配慮義務違反を理由とする損害賠償請求と基本的には重複することになると思われます。実際に、多くの裁判例では、会社と取締役個人の双方を被告として損害賠償請求がなされた事案において、本条項に基づく責任が肯定された取締役個人に対して、会社と同額の損害賠償責任が認められています[166]。

2．会社法423条１項の任務懈怠責任が認められる場合に賠償すべき損害の範囲

会社法423条１項の任務懈怠責任に関する損害賠償の範囲は、通常の債務不履行責任と同様に民法416条に基づき確定されると一般に解釈されています[167]。したがって、会社法429条１項の対第三者責任と同様に、任務懈怠行為と相当因果関係のある損害を賠償すべきことになりますが、同法423条１項の任務懈怠責任の場合、損害賠償請求権の主体はあくまで会社であり、取締役は、会社に生じた損害を賠償することになる点が大きく異なります（前記**Q30**も参照）。

労災の発生に関して取締役に任務懈怠が認められる場合に会社法423条１項の任務懈怠責任として賠償すべき損害としては、典型的には、会社が労災被災者やその遺族に対して支払った損害賠償金等が考えられます[168]。しかし、本書執筆時点において、実際に労災の発生に関して取締役個人に会社法423条１項の任務懈怠責任を認めた公表裁判例は確認されていないため、今後の裁判例の蓄積が注目されるところです[169]。

---

166 大庄ほか事件（大阪高判平23.5.25）、サン・チャレンジほか事件（東京地判平26.11.4）、フルカワほか事件（福岡高判令元.7.18）、株式会社まつりほか事件（東京高判令4.3.1）。
167 岩原紳作編『会社法コンメンタール９―機関(3)』（商事法務、2014年）279頁〔森本滋〕。
168 前掲・『会社法コンメンタール９―機関(3)』407頁〔吉原和志〕も参照。
169 肥後銀行事件（福岡高判令4.3.4およびその第一審判決である熊本地判令3.7.21）も、結論として取締役の任務懈怠自体を否定しているため、責任が認められる場合の損害賠償の範囲については判断がなされていません（なお、同事件では、会社の損害として、①会社が遺族に対して支払った損害賠償金等の支払いのほか、②会社が遺族との間の民事訴訟の遂行のために要した弁護士費用、③報道により会社の信用が毀損されたことによる損害が原告により主張されていました）。

Q32 登記に必要と言われて名義を貸しただけで、実際には取締役としての職務を行っていない場合でも、従業員の労務管理に責任を負うのでしょうか。

A.

名目的取締役の場合であっても、会社法429条１項の対第三者責任の免責や義務の軽減は基本的に否定されており、従業員の労務管理に関しても通常の取締役と同様の責任を負うとされる可能性が高いといえます。

解説

1．名目的取締役と会社法429条１項の対第三者責任

取締役と会社との間で取締役としての職務を果たさなくてもよいとする合意がなされ、かかる合意のもとで有効に取締役として選任された者を、名目的取締役といいます[170]。

このような名目的取締役は、実際には取締役としての職務を行っていないことから、会社法429条１項の対第三者責任を追及される場面において、免責や義務の軽減が問題とされることがあります。この点について、最判昭55.3.18集民129号331頁は、監視義務に関する最判昭48.5.22の判示を引用したうえで（前記**Q29**参照）、「このことは、（中略）会社の内部的事情ないし経緯によつていわゆる社外重役として名目的に就任した取締役についても同様であると解するのが相当である」と判示し、名目的取締役について免責や義務の軽減を否定しました。また、判例は、名目的代表取締役の場合も同様に[171]、免責や義務の軽減は認めずに会社法429条１項の対第三者責任を肯定しています。

ところが、下級審裁判例では、特に平成17年改正前の旧商法下において、名目的取締役について重過失や相当因果関係を否定して会社法429条１項の対第三者責任を否定するものも少なくありませんでした。これらの裁判例が、

---

170 東京地方裁判所商事研究会編『類型別会社訴訟Ⅰ〔第三版〕』（判例タイムズ社、2011年）321頁。
171 最大判昭44.11.26民集23巻11号210頁。

名目的取締役の責任の否定を認める考慮要素として、①職務免除の特約、②無報酬または過少な報酬、出資の欠如、③就任期間の長短、④取締役会の不開催、⑤他の仕事の兼業、⑥遠隔地居住、⑦病気・老齢、⑧専門的知識の欠如、⑨事実上の影響力の欠如といった事情があげられるとされています[*172]。しかし、近時では、名目的取締役の責任を肯定する裁判例が増加しているとも指摘されており[*173]、やはり、具体的な事案のもとで上記の各考慮要素を踏まえて名目的取締役の責任を否定すべきよほどの理由が存在しない限りは、会社法429条1項の対第三者責任が肯定されることになると理解しておくことが裁判例の実態にも合致すると考えられます。

2．従業員の労務管理と名目的取締役の責任

上記1．で述べたような名目的取締役の責任についての一般的な考え方は、従業員の労務管理に関する善管注意義務違反においても同様に妥当します。実際に、従業員の労務管理に関して、名目的代表取締役の会社法429条1項の対第三者責任を肯定した裁判例として株式会社まつりほか事件（東京高判令4.3.10）があります。

すなわち、同裁判例は、名目的代表取締役であることを理由として会社法429条1項の対第三者責任が免責され、または義務が軽減されるものではないと明示的に述べたうえで、名目的代表取締役が会社の業務執行を一切行わず、労災被災者の労働時間や労働内容の把握や是正について何も行っていなかったことから、任務懈怠について悪意または重大な過失があるとしてその責任を肯定しました。

また、同裁判例は、上記1．で列挙した各考慮要素のうち、②無報酬または過小な報酬、出資の欠如や⑤他の仕事の兼業、⑨事実上の影響力の欠如に

172　前掲・『類型別会社訴訟Ⅰ〔第三版〕』323頁。

173　澤口実・奥山健志編著『新しい役員責任の実務〔第三版〕』（商事法務、2017年）403頁。また、前掲・『類型別会社訴訟Ⅰ〔第三版〕』322頁は、名目的取締役の責任を否定した下級審裁判例の判断の背景には、平成17年改正前の旧商法が会社の規模を問わずに3名の取締役の選任を要求していたこと（同法255条）を指摘したうえで、会社法では取締役会非設置会社を選択すれば取締役の員数の制限はないこと（同法326条1項）からすれば、「従前の議論が維持されるかは、問題となろう」と述べており、このような近時の裁判例の傾向とも合致します。

該当する事情を理由に免責や義務の軽減を主張した名目的代表取締役の主張をいずれも排斥している点でも注目されます。

Q33 取締役として選任されていない場合でも、従業員の労務管理に関して会社法429条1項の対第三者責任を負うような場合があるのでしょうか。あるとすれば、具体的にどのような場合に責任を負うことになるのでしょうか。

A.

取締役の法的地位を有しない以上、原則として、会社法429条1項の適用を受けることはありませんが、例外的に、①登記簿上の取締役（表見取締役）や②事実上の取締役として、対第三者責任を負うことになる場合もあります。

解説

会社法429条1項の対第三者責任は、「役員等」がその主体とされている以上、法律上、取締役（または会計参与、監査役、執行役もしくは会計監査人）としての地位を有しない限り、原則として本条項の責任を問われることはありません。

しかし、例外的に、このような者についても本条項に基づく対第三者責任が肯定される場合があります。それが、①登記簿上の取締役（表見取締役）と、②事実上の取締役と呼ばれる場合です。従業員の労務管理に関する善管注意義務違反について、これらの法律構成により本条項の責任を認めた公刊物登載裁判例は本書執筆時点において確認されていませんが、従業員の労務管理の場合のみ別異に解すべき理由はないことから、同様に妥当するものと考えられます。

1. 登記簿上の取締役と会社法429条1項の対第三者責任

登記簿上の取締役（表見取締役）は、取締役に適法に就任してはいないものの、登記簿上は取締役として登記されている者をいうとされています。[*174]

---

174 東京地方裁判所商事研究会編『類型別会社訴訟Ⅰ〔第三版〕』（判例タイムズ社、2011年）325頁。

このような登記簿上の取締役についても、一定の場合に会社法429条1項の対第三者責任を肯定するというのが判例の立場であり、具体的には、取締役として登記されることについて故意または過失により承諾していた場合には、同法908条2項の類推適用により、自己が取締役であることを善意の第三者に対抗することができず、対第三者責任を免れることはできないとしています。[175]

また、取締役を辞任した者について、判例は、辞任したにもかかわらず、なお積極的に取締役として対外的または内部的な行為をあえてした場合を除き、辞任登記が未了であることから同法908条1項に基づき同法429条1項の対第三者責任を負うことはないものの[176]、会社の代表者に対して辞任登記を申請しないで不実の登記を残存させることについて明示的に承諾を与えていた等の特段の事情がある場合には、同法908条2項の類推適用により、自己が取締役であることを善意の第三者に対抗することができないとしています。[177]

2. 事実上の取締役と会社法429条1項の対第三者責任

取締役としての法的地位を有していないものの、会社法429条1項の対第三者責任を負う場合があるとされるもう一つの場合が、実質的に取締役としての職務を行っている場合における、事実上の取締役の法理です。

裁判例では、事実上の（代表）取締役であるとして、本条項を類推適用して対第三者責任を認めたもの[178]と、これを否定したもの[179]が存在します。事実上の取締役として本条項の類推適用を認めるか否かについて、特に後者の裁判例によれば、単に取締役またはこれに相応する呼称で呼ばれていただけでは足りず、会社の業務の運営、執行について、取締役に匹敵する権限を有し、これに準ずる活動をしていることが必要であるとされています。

175　最判昭47.6.15民集26巻5号984頁。

176　最判昭37.8.28集民62号273頁。

177　最判昭62.4.16民集41巻5号1359頁、最判昭63.1.26金法1196号26頁。

178　チェリー事件（東京地判平2.9.3判時1376号110頁）、アキ企画事件（大阪地判平4.1.27労判611
　　号82頁）等。

179　東京地判昭55.11.26判時1011号113頁、タカネ事件（東京地判平5.3.29判タ870号252頁）等。

Q34 労災が発生し、取締役個人として責任を追及された場合に、責任限定契約等の会社法上の責任限定制度により損害賠償責任を軽減することは可能でしょうか。

A.

　会社法423条１項の任務懈怠責任については、任務懈怠について善意・無重過失の場合には、同法所定の手続きを行うことで、取締役が会社に対して支払うべき損害賠償額を法定の最低責任限度額まで一部免除することができます。

解説

1. 会社法423条１項の任務懈怠責任に係る責任限定制度

　会社法は、同法423条１項の任務懈怠責任について、所定の手続きのもとで、取締役が任務懈怠につき善意でかつ重過失がない場合（すなわち、軽過失しか認められない場合）における損害賠償責任の一部免除の制度を設けています。

　具体的には、①株主総会の特別決議により決定する方法（同法425条）、②監査役設置会社等において、定款の定めに基づき取締役会決議により決定する方法（同法426条）、および③非業務執行取締役のみを対象として、定款に定めたうえで責任限定契約を締結する方法（同法427条）の３種類の手続きが定められており、いずれの手続きについても、取締役の損害賠償額を法定の最低責任限度額（当該取締役が支給を受けている役員報酬額等に基づいて算出される金額。同法425条１項）まで一部免除することができるとされています。

　なお、これらの責任限定制度は、あくまで同法423条１項の任務懈怠責任のみを適用対象としており、同法429条１項の対第三者責任には適用がないことについて、留意が必要です。

2．一部免除の効果を得るための手続き

　損害賠償責任の一部免除のための手続きのうち、③責任限定契約については、あらかじめ所定の手続きを経ておくことによって、取締役が同法423条１項の任務懈怠責任の追及を受けた際に、善意・無重過失と認められれば、判決において、当該取締役が会社に対して支払うべき損害賠償額自体が一部免除されます[180]。

　これに対して、①株主総会特別決議、および②取締役会決議については、通常は、善意・無重過失による取締役の会社に対する損害賠償責任を認める判決が確定した後に、株主総会または取締役会において一部免除を行うか否かを検討することになります。なお、②取締役会決議による場合、取締役は、決議後遅滞なく、責任原因事実や賠償額等の所定の事項や責任を免除することに異議がある場合には１か月以上の一定の期間内に当該異議を述べるべき旨を公告し、または株主に個別に通知する必要があり、３％以上の議決権を有する株主（当該取締役を除く）が異議を述べた場合には、一部免除は認められません（同法426条３項、７項）。

3．責任限定制度における「重過失」の意義

　ここでの「重過失」の意義について、前掲・セイクレスト事件は、「本件責任限定契約にいう『重過失』とは、当該監査役の行為が、監査役としての任務懈怠に当たることを知るべきであるのに、著しく注意を欠いたためにそれを知らなかったことであると解すべき」と判示しました。同裁判例の判示は、任務懈怠により会社に損害を及ぼすことについて著しく注意を欠いた場合をいうと解する学説と同様の見解をとることを明らかにしたものといえます[181]。

---

180 セイクレスト事件（大阪高判平27.5.21判時2279号96頁）。
181 岩原紳作編『会社法コンメンタール９―機関(3)』（商事法務、2014年）299頁〔黒沼悦郎〕。

Q35 労災が発生し、取締役個人として責任を追及された場合に、対応に要した防御費用や最終的に支払った賠償金について、一定の填補を受けることは可能でしょうか。

A.

会社法上、役員等が責任追及等の対応に要した防御費用や賠償金等を填補する制度として、補償契約に基づく会社補償や保険会社とのD&O保険契約の締結が認められており、所定の要件や手続き等のもとで一定の填補を受けることも可能です。

解説

1. 会社補償による防御費用や賠償金等の填補

役員等が責任追及等の対応に要した防御費用や賠償金等を会社が補償することを、一般に会社補償といいます。従来、会社補償が許容される対象範囲や、必要となる手続き等について必ずしも確立した見解がなかったところ、令和元年会社法改正により補償契約に関する規定が新設され（同法430条の2）、実務において会社補償を活用するための環境が整備されました。[182]

(1) 補償契約による会社補償の対象範囲

会社法430条の2第1項は、役員等が職務執行に関して責任追及等を受けた際の①防御費用と②第三者に対する賠償金または和解金について、会社が役員等との間で補償契約を締結することを認めています。

具体的には、①防御費用については、通常要する費用の額の範囲内であれば（同条2項1号）、責任追及等の対象が会社に対する責任か第三者に対する責任かを問うことなく、かつ補償対象者の悪意や重過失の有無にかかわら

---

[182] 令和元年会社法改正以前から、取締役が勝訴した場合の防御費用については、受任者が委任事務を処理するために自己に過失なくして受けた損害（民法650条3項）に該当するとして、会社が補償することができるとする解釈が一般的でした（落合誠一編『会社法コンメンタール8—機関(2)』（商事法務、2009年）153頁〔田中亘〕）。このような解釈は、会社法430条の2の新設後も異なるものではなく、民法650条3項に基づく補償については、補償契約を締結することなく実施することが可能と解されています（邉英基著『会社補償 Q&Aとモデル契約』（商事法務、2021年）11頁）。

ず、補償契約による補償の対象となります。これに対して、②賠償金または[*183]
和解金については、あくまで補償の対象が第三者に対する賠償金または和解
金に限られ、補償額の上限はない（ただし、補償対象者が会社に対して任務
懈怠責任を負うことになる部分は補償の対象外とされます。同条２項２号）
一方で、補償対象者の善意・無重過失が要件とされています（同項３号）。

　(2) 補償契約に関する手続き

　会社が、役員等との間で補償契約を締結するためには、取締役会の決議に
よる必要があることに加えて（同条１項）、補償の実行後にも、遅滞なく当
該補償についての重要な事実を取締役会に報告しなければなりません（同条
４項）。

　また、補償契約を締結している場合等には、事業報告や株主総会参考書類
において補償契約に関する一定の事項の開示が必要とされるほか（会社法施
行規則121条３号の２〜４、74条１項５号等）、上場会社では有価証券報告書
における開示も求められます（企業内容等開示府令第三号様式記載上の注意
(35)、第二号様式記載上の注意(54) a 、b ）。

２．D&O保険契約による防御費用や賠償金等の填補

　会社法上の補償契約に関する規定の新設以前から、役員等が責任追及等の
対応に要した防御費用や賠償金等を填補することを目的として活用されてい
たのが、役員等賠償責任保険契約（D&O保険契約）です。この場合、会社
は保険会社との間で、役員等を被保険者とする保険契約を締結することにな
りますが、実務上、その保険の範囲を含む契約条件や費用負担等については
一定の議論が存在していました。[*184]しかし、令和元年会社法改正に際して、補
償契約に関する規定とあわせてD&O保険契約に関する規定も新設されたこ
とにより（同法430条の３）、これらの議論について手当てがなされて終止符
が打たれました。

---

183 補償対象者に図利加害目的がある場合には、会社は、補償対象者に対して補償額の返還を請求す
　ることができます（同条３項）。
184 澤口実・奥山健志編著『新しい役員責任の実務〔第三版〕』（商事法務、2017年）216頁参照。

会社法430条の３第１項は、会社がD&O保険契約を締結するためには、取締役会の決議によることを定めていますが、締結されるD&O保険契約の契約内容について一部の例外を除いて制限を設けていません。そのためD&O保険契約による保険の範囲や保険金額の上限、免責事由等の詳細については、基本的に個別の保険契約（一般的には保険会社が定める約款）に基づき決定されることになります。

　また、D&O保険契約を締結している場合等には、事業報告や株主総会参考書類においてD&O保険契約に関する一定の事項の開示が必要とされるほか（会社法施行規則121条の２、74条１項６号等）、上場会社では有価証券報告書における開示も求められることは（企業内容等開示府令第三号様式記載上の注意(35)、第二号様式記載上の注意(54) a 、 b ）、補償契約の場合と同様です。

Q36 役員責任に関する消滅時効期間は何年とされているのでしょうか。

A.

会社法429条1項の対第三者責任についても、同法423条1項の任務懈怠責任についても、消滅時効期間については平成29年改正前の旧民法167条1項の適用により10年間とするのが判例の立場でした。もっとも、令和2年4月1日以降は、民法166条1項の適用により、①権利を行使することができることを知ったときから5年間、または②権利を行使することができるときから10年間となります。

解説

1. 会社法429条1項の対第三者責任に関する消滅時効

会社法429条1項の対第三者責任の消滅時効期間について、最判昭49.12.17民集28巻10号2056頁は、本条項の責任は特別の法定責任であって、不法行為責任としての性質を有するものではないから、民法724条は当然に適用されるものではなく、また、同条が短期消滅時効を設けた趣旨は、通常、未知の当事者間に、予期しない偶然の事故に基づいて発生するという不法行為に基づく法律関係の性質上、極めて不安定な立場におかれる加害者を保護することにあると解されるところ、対第三者責任は、通常、第三者と会社との間の法律関係を基礎として生じるものであって、取締役は、不法行為の加害者のように不安定な立場に立たされるわけではないから、同条を適用すべき実質的論拠もないとして、同条の類推適用も否定し、結論として平成29年改正前の旧民法167条1項の適用により10年間であると判示しました。

そのため、取締役に不法行為責任と本条項の対第三者責任のいずれも認められる場合、不法行為責任について民法724条に基づく3年間の消滅時効が完成したとしても、引き続き対第三者責任を追及される可能性があることになります。[*185]

2．会社法423条１項の任務懈怠責任に関する消滅時効

　会社法423条１項の任務懈怠責任の消滅時効期間についても、北海道拓殖銀行宮下事件（最判平20.1.28民集62巻１号128頁）は、本条項の責任は取締役がその任務を懈怠して会社に損害を被らせることによって生じる債務不履行責任であるが、法によってその内容が加重された特殊な責任であり、商行為たる委任契約上の債務が単にその態様を変じたにすぎないものということはできず、また、取締役の会社に対する任務懈怠行為は外部から容易に判明し難い場合が少なくないことをも考慮すると、商事取引における迅速決済の要請は妥当しないというべきであるとして、平成29年改正前の旧商法522条の適用または類推適用を否定し、結論として平成29年改正前の旧民法167条１項の適用により10年間であると判示しました。*186

3．平成29年債権法改正後の規律

　このように、会社法429条１項の対第三者責任と、同法423条１項の任務懈怠責任のいずれも、その消滅時効期間については平成29年改正前の旧民法167条１項の適用を受けるというのが判例の立場でした。しかし、その後、平成29年債権法改正により、債権の消滅時効期間の統一化・短縮化がはかられ、債権の消滅時効期間については、民法166条１項が、①債権者が権利を行使することができることを知ったときから５年間行使しないとき（同項１号）、または②権利を行使することができるときから10年間行使しないとき（同項２号）と定めています。

　そのため、同改正が施行された令和２年４月１日以降は、上記 **1.** および **2.** の各判例は先例としての意義を失い、これらの役員責任に係る消滅時効期間についても、民法166条１項が適用されることになります。

---

185 おかざき事件（大阪高判平19.1.18（変更判決平19.1.23））参照。
186 東京地方裁判所商事研究会編『類型別会社訴訟Ⅰ〔第三版〕』（判例タイムズ社、2011年）150頁は、10年間の消滅時効の起算点について、損害の発生時と考えるのが適当であるとしています。

Q37 長時間労働による脳・心臓疾患等に関する労働災害事案において、取締役に対して会社法429条1項の対第三者責任が肯定された裁判例では、取締役の悪意・重過失の任務懈怠について具体的にどのような事情に基づき判断したのでしょうか。

A.

　長時間労働による脳・心臓疾患等に関する労働災害事案において、取締役に対して会社法429条1項に基づく対第三者責任を肯定した裁判例では、被告とされた取締役が、労災被災者の長時間労働の実態を認識し、または容易に認識し得たことを認定したうえで、それにもかかわらず長時間労働の抑制や従業員の生命、健康に対する被害の防止のための体制構築や措置を講じていなかったことを理由に、悪意・重過失の任務懈怠を肯定しています。

解説

　長時間労働による脳・心臓疾患等に関する労働災害事案において、取締役に対して会社法429条1項の対第三者責任を肯定した裁判例としては、たとえば、大庄ほか事件（大阪高判平23.5.25）や、フルカワほか事件（福岡高判令元.7.18）等があげられます。これらの裁判例における事案の概要や、取締役の悪意又は重過失の任務懈怠を肯定するに際した考慮事情は、以下のとおりです。

1．大庄ほか事件の概要

　大庄ほか事件は、急性左心機能不全により死亡したKの相続人であるXらが、当該死亡の原因はY1社における長時間労働にあると主張し、Y1社に対して不法行為または債務不履行（安全配慮義務違反）に基づき、また、Y1社の取締役ら4名（代表取締役Y2、取締役店舗本部長Y3、取締役第一支社長Y4、取締役管理本部長Y5。以下、「Y2ら」という）に対し、会社法429条

１項の対第三者責任または不法行為に基づき損害賠償を請求したという事案において、結論としてY1社およびY2らの責任をいずれも肯定しました。

同裁判例は、Kを含む従業員の長時間労働が常態化している中で何らの対策も講じていなかったとしてY1社の安全配慮義務違反を肯定したうえで、取締役であるY2らについて、「取締役は、会社に対する善管注意義務として、会社が使用者としての安全配慮義務に反して、労働者の生命、健康を損なう事態を招くことのないよう注意する義務を負い、これを懈怠して労働者に損害を与えた場合には会社法429条１項の責任を負う」と述べました。

そして、同裁判例は、人事管理部を統括する管理本部長であったY5や、店舗本部長であったY3、店舗本部の下部組織である第一支社長であったY4については、「石山駅前店の労働者の労働状況を把握しうる組織上の役職者であって、現実の労働者の労働状況を認識することが十分に容易な立場にあったものであるし、その認識をもとに、担当業務を執行し、また、取締役会を構成する一員として取締役会での議論を通して、労働者の生命・健康を損なうことがないような体制を構築すべき義務を負っていた」と判示しました。また、代表取締役であったY2についても、「Y1社の業務を執行する代表取締役として同様の義務を負っていた」と判示して、Y2らについて、Y1社としてKに対する安全配慮義務違反が生じないようにするための体制を構築すべき善管注意義務を負う旨を明らかにしています。

そのうえで、同裁判例は、「Y2らが、Y1社をして、労働者の生命・健康を損なうことがないような体制を構築させ、長時間勤務による過重労働を抑制させる措置をとらせていたとは認められない」と判示し、具体的な事実関係として、①Y1社が、給与体系として、基本給の中に時間外労働80時間分を組み込んでいたため、そのような給与体系のもとで恒常的に１か月80時間を超える時間外労働に従事する者が多数出現しがちであったこと、②Y1社の三六協定においては、時間外労働の延長を行う特別の事情としてイベント商戦に伴う業務の繁忙の対応と予算決算業務が記載されていたが、現実にはそのような特別の事情とは無関係に恒常的に三六協定に定める時間外労働を超える時間外労働がなされていたこと、③現に、石山駅前店においては、

Y1社の他の店舗と比べて繁忙な店舗ではなく従業員の負担も平均的な店舗であったにもかかわらず、繁忙期でもなかったKの勤務期間中に店長を含む多数の従業員の長時間労働が恒常化しており、同様の事態はY1社の他店舗においても惹起していたものと推認されること、④このような全社的な従業員の長時間労働については、Y2らは認識していたか、極めて容易に認識できたと考えられることを指摘しました。

さらに、同裁判例は、⑤Kの入社後研修における部長による給与の説明に際して1か月300時間の労働時間が例にあげられていたことや、従業員に配布されていた社員心得では、出勤は30分前、退社は30分後にすることが強調されているが、働きすぎを避ける健康管理の必要性には何ら触れられていないこと、⑥日々のワークスケジュールをつくり、実質的に従業員の具体的勤務時間を決定しうる店長に配布されている店舗管理マニュアルには、効率のよい人員配置が必要であることが記載されているが、従業員の長時間労働の抑制に関する記載はまったく存在していないこと、⑦人事管理部においても勤務時間のチェックは任務に入っておらず、人事担当者による新入社員の個別面談においても、長時間労働の抑制に関して点検を行ったことを認めるべき証拠がないことをあげ、Y2ら取締役について、「悪意又は重大な過失により、会社が行うべき労働者の生命・健康を損なうことがないような体制の構築と長時間労働の是正方策の実行に関して任務懈怠があったことは明らかであり、その結果Kの死亡という結果を招いたのであるから、会社法429条1項に基づく責任を負うというべき」と判示しました。

2．フルカワほか事件の概要

フルカワほか事件は、Y1社の従業員であったXが、脳梗塞を発症し後遺障害を負ったのは、Y1社の業務に起因するものと主張し、Y1社に対して安全配慮義務違反の債務不履行に基づき、Y1社の代表取締役であるY2に対して会社法429条1項に基づく請求を行った事案において、Y1社とY2の責任をいずれも認めました。

同裁判例は、Y1社の安全配慮義務違反を肯定し、さらに代表取締役Y2に

ついても、「株式会社の取締役は、会社に対する善管注意義務として、会社が安全配慮義務を遵守する体制を整備すべき義務を負うものと解するのが相当」と判示したうえで、①Y2はY1社の唯一の代表取締役であるところ、Xの脳梗塞の発症当時のY1社の従業員数は25名程度であったこと、②Xの勤務する店舗は、本店から自動車で5分程度の距離の場所にあったこと、③Y2は、毎朝、Y1社の従業員全員が出席する朝礼に出席していたことや、同店舗の従業員の日誌の提出を受け、各部門長の日誌を確認していたことに加え、④マネージャーマニュアルに、社内会議における重要事項について部下との会議の結果を当日中にY2に報告するよう記載されていたこと等によれば、Y1社における基本的な業務上の指示はY2が行っており、従業員からの基本的な業務上の報告はY2に対してされていたことが認められると認定しました。そして、Y2は、Xの勤務状況について、認識していたか、少なくとも極めて容易に認識し得たものというべきであるところ、少なくともXの本件疾病発症前6か月間、Y1社の取締役として、従業員の過重労働等を防止するための適切な労務管理ができる体制を何ら整備していなかったとして、Y2は、悪意または重大な過失によりXに脳梗塞の発症による損害を生じさせたものというべきと判示し、Y2の損害賠償責任を認めました。

　なお、同裁判例の事案では、Y2が、従業員に対して定時帰宅の励行を指示していたとして、善管注意義務違反はないと主張していました。しかし、同裁判例は、仮にそのような指示がなされていたとしても、Xの業務内容や量が軽減されたという事情はうかがわれないとして、Y2はそのような指示のみでY1社が安全配慮義務を遵守する体制を整備すべき義務を尽くしたとはいえないと述べて、Y2の主張を排斥しています。

3．裁判例における考慮要素の分析

　そのほかにも、平成17年改正前の旧商法266条の3第1項に基づく取締役の損害賠償責任を認めた裁判例として、過重業務に起因する脳梗塞による後遺症が問題となった事案において、被告とされた代表取締役について、「被告会社の代表者として、その被用者につき適正な労働条件が確保されるよう

管理する職務上の義務を負っていたものと認められるところ、原告の被告会社における定期健康診断受診状況及び原告の被告会社に対する労働時間の申告状況等に照らし、被告Y1は、原告の健康状態及び労働時間を容易に把握することができたものと認められ、被告Y1は、重過失により上記義務を懈怠したものと認められる」と判示した名神タクシーほか事件（神戸地尼崎支判平20.7.29）があります。

　これらの裁判例を俯瞰すると、裁判所は、個別事案における各取締役の地位や担当業務、業務執行の実態（個々の従業員に対する業務指示や報告体制のあり方）を分析したうえで、労災被災者の長時間労働の実態を認識し、または容易に認識しえたことが認められることを前提に、それにもかかわらず長時間労働の抑制や従業員の生命、健康に対する被害の防止のための体制構築や措置を講じていなかったことを理由として悪意・重過失の任務懈怠を肯定しているものということができます。[187]

187　長期間労働により不整脈による心停止を発症して死亡した事案において、名目的代表取締役の責任が問題とされた株式会社まつりほか事件（東京地判令3.4.28）では、名目的代表取締役であっても「被告会社の代表取締役として第三者に負うべき一般的な善管注意義務を免れるものではない」ことを理由に、代表取締役Y2によるXの長時間労働に対する具体的な認識や認識可能性を問題とすることなく、悪意または重過失の任務懈怠を肯定しています（前記**Q32**も参照）。

Q38 一定規模以上の組織化された会社において、代表取締役や人事部等の所管取締役に要求される労務管理体制の構築・運用義務として、裁判例上は具体的にどのような体制が求められているのでしょうか。

A.

労務管理体制の構築・運用義務が問題となった事案において、裁判所は、構築・運用すべき具体的な労務管理体制の内容について、取締役に裁量権を認めており、実際に構築・運用されている労務管理体制が法令等に違反していない限りは、当該労務管理体制や、体制の構築・運用のための情報収集や改善策の検討において明らかに不合理な点がなければ、取締役の裁量権を認めて善管注意義務違反を否定しています。

解説

1．肥後銀行事件の概要

前記Q29のとおり、一定規模以上の組織化された会社における労務管理に関する権限や責任の分担を前提に、各取締役が、善管注意義務として、労務管理に関して具体的にいかなる対応をとることが要求されるのかを明らかにした裁判例が、肥後銀行事件（福岡高判令4.3.4）です。

同裁判例の事案は、Ｚ社の従業員であったP1が、Ｚ社の業務に起因して自死した結果、Ｚ社が遺族であるＸおよびその子らに対する損害賠償金等を支払うとともに、銀行としての信用毀損による損害を被ったのは、取締役Ｙらが、従業員の労働時間管理体制の構築に係る善管注意義務を懈怠したためであると主張し、ＸがＺ社の旧株主（会社法847条の2第1項）として、Ｙらに対して会社法423条1項の任務懈怠責任に基づく損害賠償を求めて旧株主による代表訴訟を提起したものとなります。

2．労働時間管理体制構築・運用義務に関する判示の内容

前記Q29のとおり、同裁判例は、会社の従業員に対する安全配慮義務、労働時間管理義務を前提に、①代表取締役および労務管理を所管する取締役

（具体的には、代表取締役頭取、人事部に係る業務を分掌する取締役常務執行役員、および取締役執行役員・人事部長）は、労働時間管理体制の適正構築・運用義務を負い、②それ以外の取締役は、当該労働時間管理体制についての監視・是正義務を負うものと判示しました。また、同裁判例は、労働時間管理に係る体制の具体的な内容の決定については、労働基準法等の法令を遵守する限りにおいて代表取締役および労務管理を所管する取締役の裁量権を認め、いわゆる経営判断原則を適用しています。

(1) 構築・運用が求められる労働時間管理体制の具体的な内容

　そのうえで、同裁判例は、代表取締役および労務管理を所管する取締役について、①平成24年当時における Z 社における労働時間管理に係る体制はそれが実質的な自己申告制であったことを踏まえても労働時間適正把握基準[*188]に違反するとまではいえず相応の合理性を有するものであったこと、②それに基づく運用として、Z 社は、従業員の労働時間管理に係る体制が一部適切に運用されなかったり、相当な長時間労働を行っている従業員が発見された場合にはその実態を把握するとともに、その改善のための調査・改善計画の策定を行っていたこと、③従業員へのアンケートによる情報収集や労働時間管理委員会および労働時間管理部会における具体的な改善策の検討も継続して行うなど必要な施策を複数行っていたこと、④平成24年当時において Z 社が構築・運用していた労働時間管理に係る体制は合理的なものであり、その適正な運用を担保するために複合的・重層的な施策がとられていたと評価することができ、平成24年当時の他の民間企業の状況等と比較してもその体制や施策は遜色のないものであったことを指摘し、これらの被告取締役らが、「労働時間管理に係る内部統制システムの構築・運用のために行っていた情報収集、分析、検討が不合理なものであったとまではいえないし、上記の改善策を行う旨の判断の過程及び判断内容に明らかに不合理な点があったもの

---

188 厚生労働省労働基準局長「労働時間の適正な把握のために使用者が講ずべき措置に関する基準」（平成13年4月6日基発339号）。同裁判例は、「労働時間適正把握基準は、上級行政機関が下級行政機関及び職員に対してその職務権限の行使を指揮し、職務に関して命令するために発する通達であり、法規としての性質は持たないが、裁判所が使用者等の善管注意義務違反の有無を判断するに当たって参照すべき規範である」と判示しています。

ともいえない」から「労務管理に関する内部統制システム構築・運用義務に違反したということはできない」と判示しました。

また、「遅くとも平成23年12月からＺ社はPCログ又はICカードの記録を利用した労働時間管理を行うことが可能であったものであり、被告らはこれらを利用した労働時間管理体制を構築すべき義務を負っていた」としていたＸの主張に対しても、「平成23年12月ないしP1の自殺した平成24年10月までにPCログを定期的・網羅的に確認できるシステムの開発を完了させ、PCログを労働時間管理に活用することは時間的に困難であった」ことや「ターミナルサービスシステムの更改は本来労働時間管理を目的としたものではなく、その実施のために相当多額の費用及び人員配置を必要とすることからすれば、Ｚ社がPCログを労働時間管理に活用することを最優先課題として上記各システムの開発を行うべきであったということもできない」こと等を指摘したうえで、これを排斥しました。

このように、同裁判例は、Ｚ社において実際に構築・運用されていた労働時間管理体制が労働基準法や労働時間適正把握基準といった法令等に違反していなければ、当該労働時間管理体制や、体制の構築・運用のための情報収集や改善策の検討において明らかに不合理な点がない限りは、取締役の裁量権を認めて善管注意義務違反を否定するものといえます。

(2) 労働時間管理体制の運用の不備

なお、同裁判例は、「Ｚ社の労働時間管理に係る体制の運用に不十分な面があり、一部の従業員の時間外労働時間が正確に把握されていない場合があることを被告らが認識し得た可能性があることは否定できない」としつつも、①P1自身の時間外労働時間の過少申告、P1が禁止されていた外部記録媒体を使って午後11時以降も執務していたこと、②P1の直属の上司であったP2副部長が適切な労働時間管理をまったく怠っていたことを指摘のうえ、「P1の直接の上司でない取締役である被告らがP1の長時間労働を具体的に予見することは困難であったというべき」として、「Ｚ社の労務管理として、業務統括部に対する平成24年４月の人員１名の増員や全行的な労働時間削減の施策に加え、P1という一個人に配慮して特別の対策を講じることが

現実的に可能であったとも考え難い」と判示し、代表取締役および労務管理を所管する取締役の善管注意義務違反を否定している点でも注目されます。

Q39

職場のハラスメントが原因となって労働者が自殺した事案において、取締役に対して会社法429条１項の対第三者責任を肯定した裁判例では、取締役の悪意・重過失の任務懈怠について具体的にどのような事情に基づき判断したのでしょうか。

A.

取締役に対して会社法429条１項の対第三者責任を肯定した裁判例では、被告取締役自身が、労働者に対するハラスメント行為を認識し、または容易に認識しえたことを前提に、悪意・重過失の任務懈怠があるとして、損害賠償責任を肯定しています。

解説

1. サン・チャレンジほか事件の概要

サン・チャレンジほか事件（東京地判平26.11.4）は、Y1社の経営する飲食店の店長として勤務していた亡Kが、長時間労働および上司であったY3からのパワハラにより急性のうつ病を発症して自殺したとして、亡Kの遺族が、Y1社、同社の代表取締役であるY2、および上司Y3に対して損害賠償請求を行った事案において、Y1社、Y2およびY3のいずれの責任も認めました。

具体的には、同裁判例は、Y1社について、Y1社の労務担当者は各店舗から送信されていた売上報告書により、亡Kの長時間労働について認識していたか、少なくとも認識することができたこと、Y3は、店長またはエリアマネージャーとして亡Kに対して指揮命令権限を有していた者であり、Y3がパワハラ当事者であることを指摘し、「亡Kが長時間労働や被告Y3によるパワハラにより、心身の健康を損なうことがないよう注意する義務（安全配慮義務）を負っていたにもかかわらず、これを怠っていたものと認められる」として、Y1社の安全配慮義務違反を認めました。

そのうえで、同裁判例は、Y1社の代表取締役であるY2について、「取締役として被告会社が安全配慮義務を遵守する体制を整えるべき注意義務を

負っていた」ところ、①毎月１回実施される店長会議において各店舗や店長の個別の状況についてある程度把握できたこと、②売上報告書がY1社本部に毎日送信されており、従業員の労働時間を認識することは容易であったこと、③Y3が朝礼において亡Kに対して暴言・暴行を行ったことを認識し、または認識しえたのであり、業務に関する上司の部下に対する行き過ぎた指導監督があることを知りえたと指摘し、Y1社の正社員店長の長時間労働が一般的であったこと、Y3も長時間労働を行っており、これを解消する指導は受けていないこと、パワハラ行為について指導や研修等を受けたこともない点などから、Y1社において「業績向上を目指す余り、社員の長時間労働や上司によるパワハラ等を防止するための適切な労務管理ができる体制を何ら執っていなかった」と認定しました。そして、Y2は、「長時間労働や上司による相当性の範囲を逸脱した指導監督の事実を認識し、又は容易に認識することができたにもかかわらず、何ら有効な対策を採らなかったのであり、故意又は重大な過失により亡Kに損害を生じさせた」として、会社法429条１項による損害賠償責任を認めました。

　このように、同裁判例は、取締役が負うべき「安全配慮義務を遵守する体制」として、「社員の長時間労働や上司によるパワハラ等を防止するための適切な労務管理ができる体制」を指摘しているところ、具体的な事案のもとで、代表取締役であるY2自身がパワハラ行為を認識し、容易に認識しえたことを認定して、取締役の善管注意義務違反を肯定しています。

２．取締役の善管注意義務としてのハラスメント防止体制構築義務

　近年、ハラスメントの防止については、法令や指針が改正され、職場のパワーハラスメント、セクシャルハラスメント、妊娠・出産、育児休業・介護休業に関するハラスメント（マタニティハラスメント等）については、下記のとおり、使用者（事業主）として講じるべき措置が規定されています。このような法令等の規定、および一定規模以上の会社における取締役らの善管注意義務について判示した肥後銀行事件（福岡高判令4.3.4）も踏まえると、代表取締役および労務管理を担当する部門を所管する取締役は、善管注意義

務の内容として、当該法令および指針を踏まえて、パワーハラスメント等の各ハラスメントを防止する適切な体制を構築し、運用する義務を負うものと考えられます。[189]また、その他の取締役は、取締役会の構成員として、上記ハラスメント防止に係る体制の整備が適正に機能しているか監視し、機能していない場合にはその是正に努める義務を負うものと考えられます。

【ハラスメント防止に関する法令および指針】

〔パワーハラスメント〕

◆法令：労働施策総合推進法30条の2

◆指針：事業主が職場における優越的な関係を背景とした言動に起因する問題に関して雇用管理上講ずべき措置等についての指針

〔セクシャルハラスメント〕

◆法令：男女雇用機会均等法11条

◆指針：事業主が職場における性的な言動に起因する問題に関して雇用管理上講ずべき措置等についての指針

〔妊娠・出産等に関するハラスメント〕

◆法令：男女雇用機会均等法11条の3

◆指針：事業主が職場における妊娠、出産等に関する言動に起因する問題に関して雇用管理上講ずべき措置等についての指針

〔育児・介護に関するハラスメント〕

◆法令：育児介護休業法25条

◆指針：子の養育又は家族の介護を行い、又は行うこととなる労働者の職業生活と家庭生活との両立が図られるようにするために事業主が講ずべき措置等に関する指針

---

189 前記**Q29**を参照。

Q40

業務上の事故による労働災害が発生した事案において、取締役に対して会社法429条1項の対第三者責任を肯定した裁判例では、取締役の悪意・重過失の任務懈怠について具体的にどのような事情に基づき判断したのでしょうか。

A.

　業務上の事故による労働災害が問題となった裁判例では、被告取締役が会社の唯一の取締役であり、労働者に対する安全配慮の状況について、当然に知る立場にあったことを前提に、これを是正しなかったと認められ、その職務を行うにつき、少なくとも重過失があったとして、損害賠償責任を肯定しています。

解説

　種広商店事件（福岡地判平25.11.13労判1090号84頁）は、菓子種の製造販売を目的とするY1社において、最中皮の製造作業を主たる業務とするXが、半自動最中皮焼成機の熱せられた金型に左手の親指を挟まれ火傷を負ったとして、Y1社およびその代表取締役Y2に対して損害賠償請求を行った事案において、裁判所は、Y1社およびY2の損害賠償責任を認めました。

　同裁判例は、Y1社について「機械等、熱その他のエネルギーによる危険及び労働者の作業行動から生じる労働災害を防止するため必要な措置を講じなければならない義務及び労働者に対し、雇入時や作業内容変更時に適切に安全教育を行う義務」があるとしたうえで「原告の従事した労務は、金型が約150℃の高温に達して火傷の危険性の高い最中皮焼成作業であり、半自動最中皮焼成機には、誤って人体が挟まれないような、あるいは、誤って人体が挟まれてしまったら直ちに解放できるような安全装置がないのに、被告会社は、本件事故当日、それまで最中皮の焼成作業に従事したのが10回程度の原告に対し、金型に手指が挟まれた場合の解放方法の教育を十分にしないまま、事故防止のための監督や事故発生の場合に直ちに支援できる者のいない状況で前記労務をさせ、もって、原告に対する安全教育や、作業方法・状況

等を注視して作業状況に問題がないか適切に監督する等の配慮を怠った」と判示し、Y1社の安全配慮義務違反を認めました。

　また、Y2についても、Y2がY1社の唯一の取締役であったことを指摘のうえ、「原告に対する安全配慮の状況について、当然に知る立場にありながら、これを是正しなかったと認められ、有限会社の役員としてその職務を行うにつき、少なくとも重過失があった」として、Y2の責任を認めました。

　このように、同裁判例は、①Xの従事する業務の危険性が高いこと、②機械に安全装置が付いていないこと、③Xの業務経験が浅いこと、④それにもかかわらず、十分な教育や事故防止のための監督、事故発生時の支援体制がなかったことを指摘して、Y1社の安全配慮義務違反を認めています。また、同裁判例における会社は取締役が１名しかいない有限会社であり、比較的小規模な会社であることから、裁判所も取締役が個々の労働者の労働環境および安全の状況について当然知る立場にあったことを前提としているものと思われます。これに対して、肥後銀行事件判決のように一定規模以上の組織化された会社であれば、取締役が個々の労働者すべてについて労働環境の安全を把握することは困難であることから、前記Q29のとおり、取締役として負う善管注意義務の内容としては、事故を防止するための適切な体制の構築・運用義務となるものと考えられます。この点、業務上の事故については、労働安全衛生法の定める危険または健康障害を防止するための措置を講じることが義務づけられています（同法４章（20条～36条））。そのため、上記のような会社の取締役としては、内部統制システム構築義務として、これらの法令等を遵守したうえで業務上の事故の発生を防止するための体制を構築・運用する義務があると解されるものと考えられます。

第**3**章

労働災害への
企業の実務対応

Q41 従業員がうつ病になり、会社を休むと言ってきました。会社としてはどのような対応をとればよいでしょうか。

A.

　従業員については、欠勤が続くようであれば、休職を命じるようにします。その一方で、病気の原因が業務にないかどうか、調査しておくことが望ましいでしょう。

解説

1. 従業員に対する休職発令

　従業員が怪我や病気になって長期間欠勤することになった場合、企業としては、状況を確認する必要があります。そのため、まずは診断書を提出してもらうことが重要です（就業規則にも、「○日以上欠勤する場合には医師の診断書を提出する。」といった規定が設けられていることがあります）。特にうつ病といった精神疾患については、病気の程度やどの程度の休養が必要なのか、といったことは一見してわかりにくいため、企業として対応を決める前提として、専門家である医師の診断書を確認することは必須といえるでしょう。

　診断書が提出されれば、基本的には診断内容に従って、従業員には休養して治療に努めてもらい、さらに要件を満たせば休職を命じることになります。なお、休職制度は、通常は業務外の傷病に対して適用されるもので、一般的に解雇猶予の制度であり、休職期間満了になっても復職できる状態にならなければ退職となるのに対し、労災である場合には、療養中は解雇できません（労働基準法19条）。しかし、労災としての取扱いは、労災と認定されて初めて認められるものですので、労災認定が下りるまでの間は、業務外の傷病であることを前提として、休職を発令するのが一般的な対応といえます。もっとも、休職期間満了により退職した後になって、労災と認定された場合には、当該退職が無効となりますので、注意してください（**Q07**参照）。

2. 傷病の原因の調査

上記のように、従業員に対しては休職を前提とした対応を行いますが、これまで見てきたとおり、傷病の原因が業務によるものであり、かつ企業の安全配慮義務違反が認められる場合の影響は非常に大きいため、労災と判断されるような要素がないかについては、従業員から労災申請がなされる前に確認しておくことが望ましいといえます。まずは本人にヒアリングし、自身で考えている原因について確認することになりますが、特に、労災の原因となりやすい長時間労働やハラスメントについては、本人の申し出がなくても、簡単に調査しておくことが望ましいと思われます。

❶長時間労働

長時間労働に関する調査としては、タイムカード等の労働時間の記録を確認することが基本となります。確認する期間としては、おおむね直近6か月間のものを見ることになります。

もっとも、タイムカード等の記録上は長時間ではなかったとしても、サービス残業や持ち帰り残業等をしている可能性もありますので、単に時間だけではなく、従事していた業務内容やストレス度合いも含め、確認します。

❷ハラスメント

ハラスメントについては、上司が加害者になることも多いため、直接上司に確認しても実態がわからない可能性が高いと思われます。そこで、周囲の同僚などから、直近の本人の様子や、上司との関係について確認することが考えられます。

Q42 従業員から労災申請がなされました。この後はどのように手続きが進むことになるのでしょうか。

A.

　労働基準監督署の調査依頼に粛々と対応することになりますが、企業として言うべきことがあれば、その都度指摘をしていく必要があります。

解説

1. 労災申請に対する対応

　従業員が労働基準監督署に労災保険の給付を申請すると、労基署は「業務上の災害」といえるかどうか、調査を実施します。そのためには、申請した労働者から事情を聞くだけでなく、使用していた企業に対しても、必要な資料の提出等を求めてきます。

　行政機関の調査依頼ですので、企業としては誠実に対応することになります。もっとも、企業として、当該案件が労災ではないと考えている場合には、労災ではないという評価を裏づける事実となる資料を提出し、労基署に対してできる限り状況を理解してもらうよう努めます。

2. 資料に対するコメント

　通常、労基署が提出を依頼する資料は、客観的な資料（組織の状況や規則といった制度上の資料や、労働時間の記録といった労働者についての資料等）ですので、そのまま提出することになります。しかし、たとえば、タイムカードの労働時間の記載があったとしても、実際にはそこまで過重な密度ではない（待ち時間が多い等）こともあります。そのような場合に、単に資料を提出するだけだと、長時間労働があったと誤解されてしまいますので、その労働者が従事していた業務を説明する資料を作成し、「相応に休憩はとれていた」ことを説明するといった手法も検討すべきです。

3．使用者の意見

　労基署の調査においては、使用者の意見を求めてくることが一般的です。この場合、労基署から送付された書式だと、記載する欄が小さいことから、別途意見書を作成することが望ましいでしょう（別紙を作成してはいけない、ということはありません）。

　意見書においては、業務との関連性に関する使用者の考えを述べることになります。また、その裏づけに必要であれば、労基署が提出を求めていない資料でも、意見書に添付して提出することもご検討ください。

Q43
うつ病で休職中の従業員が、弁護士を代理人に立て、うつ病発症の原因は過重労働やハラスメントだとして、安全配慮義務違反に基づく損害賠償請求をしてきました。早く円満に解決するには、どのように対応するのがよいでしょうか。

A.
　まずは法的な責任が認められるかどうかを検討することが重要です。ただし、責任はないと考えられる場合でも、もめ事を大きくされても困るなど、早期解決の観点から一定の金銭を支払って示談するという選択肢もありうるところです。

解説

1．弁護士による損害賠償請求への対応

　弁護士から、安全配慮義務違反に基づく損害賠償を請求する旨の通知書が届いた場合、これをこのまま放置しておくと、訴訟を提起される可能性があり、そこで敗訴すれば損害賠償金を支払わなければならなくなります。そのため、こうした通知書への対応を検討するに際しては、まず法的に判断した場合（つまり裁判所で判決が出る場合）に、自分たちが敗訴する可能性があるのかどうかを検討することが第一となります。

　また、弁護士からの請求があった場合、もう一つ考えておく必要があるのが、紛争にかかるコストの問題です。現在の裁判実務においては、訴訟が提起されてから判決に至るまで、一審であっても１年程度かかる可能性があります。その間、裁判所に提出する書面の作成は弁護士に依頼するにしても、必要な資料の収集や、関係者へのヒアリング対応などが必要になり、担当者が訴訟対応に費やす時間や労力も、それなりに多くなります。こうした時間、労力や費用といったコストの点を考えると、裁判をすることや、裁判をするにしてもどこまで続けるのかも、企業の方向性を検討するうえで重要な要素になると考えられます。

2．弁護士との交渉

　方向性が決まれば、企業から労働者の弁護士に対し、回答書を作成して提出します（この段階で、企業側も弁護士を代理人に立てることが多いと思います）。この場合、内部的には法的な責任が認められる可能性が高いという検討結果だったとしても、弁護士に対して提出する書面上においては、「責任があるとは考えていません」といった強気な文言にすることもあります。ただ、それで相手が交渉をあきらめ、訴訟を提起してしまうと、敗訴のリスクが高いうえにコストもかかります。そこで、こうした展開を避ける場合には、上記のような強気の文言を記載しつつも、「とはいえ、話し合いで解決する用意はあります」といった一文を添えて、交渉で解決できるメッセージを送ることになります。このような記載があれば、その後話し合いによる協議に発展する可能性は高いと想定されます。

　これに対し、法的責任が認められる可能性が低いとなった場合には、本来的には請求に応じる必要も、交渉する必要もない、というのが原則的な対応になります。もっとも、上記の訴訟を行った場合の敗訴のリスク（内部での検討結果と裁判所での判断結果が一致するとは限りません）やコストの点を考えると、やはり訴訟提起の前に交渉で解決する（この場合でも、企業側が労働者側に一定の金銭を支払って解決するというのが一般的です）という選択肢も考えられるところです。その場合には、相手の請求を拒絶しつつ、やはり上記と同様の交渉の可能性のメッセージを送ることになります。

3．合意書の締結

　相手との交渉の結果、話がまとまれば、合意書を作成します。合意書においては、示談金（解決金）として支払う金額と、支払期限、支払方法（振込みで、手数料は企業側が負担することが一般的です）が第一ですが、それ以外に以下のような条項が検討要素となります。

❶労災との関係

　労働者が、企業に対する損害賠償請求と並行して労災を申請している場合もあり、かつ、労災認定の結果が出る前に合意が成立する場合があります。

このような場合に、あとで労災認定において労働者に有利な判断が出たとしても、そこであらためて請求等がされては、ここで示談する意味がありません。そのため、労災認定前に示談する場合には、労災認定の結果にかかわらず、この金額の支払いをもって企業側との紛争は解決しており、今後労働者が請求等を行わない旨を合意しておく必要があります。

❷口外禁止条項・誹謗中傷禁止条項

　合意によって解決したにもかかわらず、本件の事案について、自分に有利な話を吹聴したり、最近では特にSNS等で投稿したりすると、せっかく解決した問題に新たな火種を起こすことになりかねません。そのため、合意の内容はもちろん、合意に至る経過や事案の内容を、お互い外部に漏らさないこと、および相手方を非難するような言動は行わないことを合意するのが一般的です。

❸謝罪

　事案によっては、労働者側から謝罪文言を入れるよう要求されることがあります。謝罪について、企業側が応じる義務があるわけではないものの、この要素の有無をめぐって交渉がまとまらない場合には、内容によっては受け入れる、というスタンスをとることも考えられます。「内容によっては」というのは、自ら全面的に非を認めるのではなく、「遺憾の意を表明する」といった表現や、謝罪するにしても、対象が「過重労働をさせたこと」等、企業が責任を負っているかのような表現は避け、「企業の仲間である労働者が（理由はどうあれ）病気になったこと」について遺憾の意を表明するといった、企業が受け入れやすい文言を検討することも考えられます。

Q44 うつ病で欠勤・休職し、健康保険組合から傷病手当金を受給している従業員が、うつ病になったのは上司のパワハラのせいだ、労災を申請したいと言い出しました。さらに労災の給付を受けることは可能なのでしょうか。

A.
　労災申請をすることは可能ですが、労災の給付を得るためには、労災の支給決定がなされた後に、傷病手当金を返還する必要があります。

解説

　健康保険における傷病手当金とは、「被保険者（任意継続被保険者を除く。）が療養のため労務に服することができないときは、その労務に服することができなくなった日から起算して３日を経過した日から労務に服することができない期間」に支給される手当を指します[190]。

　その一方で、健康保険法は、他の給付との調整規定を設けており、傷病手当金についても、同一の疾病、負傷又は死亡について、労働者災害補償保険法によりこれらに相当する給付を受けることができる場合には、行わないとされています[191]。

　上記の記載からすれば、傷病手当金を受け取った状態のままであっても、労災の給付申請を行うこと自体は可能と思われます。もっとも、労災認定が下りた場合に、労災の給付を受けようとするのであれば、これまで治療を受けた医療機関や薬局、および健康保険組合に、労災給付の支給決定がなされたことを伝え、傷病手当金については返納手続きをする必要があります。しかし、すでにいったん受給し、生活のために使ってしまった手当をあらためて返納するというのは、むずかしいケースもあると思われますので、労災の申請はできても、給付を得ることはハードルが高いことも想定されます。

190　健康保険法99条１項。
191　同法55条１項。

Q45 うつ病にかかり労災申請を希望した従業員が、「災害の原因」の箇所に、「上司からのパワハラ」と記載していました。会社としては、ハラスメントはなかったと考えており、申請書への押印がためらわれます。どうしたらよいでしょうか。

A.

「『災害の原因』については、承諾しない」旨の留保をつけて提出したり、そもそも会社として容認できないとして、労災申請の記名押印をしないことも可能です。

解説

労災の申請書には、「災害の原因」として、傷病になった原因について記載する項目があります。記入は、申請する従業員や元従業員がするのですが、本人たちの認識をもとに記載するため、会社の認識とは異なる場合がしばしばあります。設問にあるようなパワハラなどはその典型で、厳しい指導はあったとしても、仕事に関連する指導であったとか、本人にも問題があった場合等、企業の立場からすれば、必ずしも業務上必要かつ相当な範囲を超えたものとはいえないと考えている場合でも、うつ病になってしまった従業員からすれば、「厳しすぎる指導」と受け取っていることがあります。

この点において、注意しなければならないのは、会社側の記名押印欄に記名押印してもよいか、という点です。労災申請書であれば、会社側としては当然に記名押印するものと考えている方も多いかもしれませんが、この記名押印欄には、上部に、「○○に記載したとおりであることを証明します。」との記載がなされており、この「○○」（実際には番号が記載されています）の項目は、上記の「災害の原因」が含まれています。そのため、会社が記名押印すると、従業員が記載した「災害の原因」の内容を認めていると受け取られる可能性があるのです。

従業員の記載した「災害の原因」の内容について、会社側が事実と異なる

と考えている場合には、そもそも記名押印をしないで従業員に返却する（労災申請自体は、会社の記名押印がなくても提出可能です）、あるいは、「『災害の原因』については、会社の認識が異なるので、承認を留保する」といったメモ等を作成し、そのメモと一緒に労働基準監督署に提出するといった対応をすることが望ましいといえます。具体的な運用については、各労基署の監督官によっても異なりますので、事前に監督官に相談し、そのアドバイスに沿って対応するとよいでしょう。

Q46
自殺した従業員の遺族が、自殺は会社のせいだと思い、非常にお怒りの様子で、会社関係者には、「葬儀に来るな！」と言っています。どうしたらよいでしょうか。

A.
　ご遺族が焼香を拒否しているのであれば、無理に行くのは控えたほうがよいものの、焼香する意向があることは、示しておいたほうがよいでしょう。

解説

　従業員が業務が原因で病気になった、さらには亡くなったということになると、ご家族（ご遺族）が企業に対して怒りの感情をぶつけてくることは、ある意味当然のことです。また、従業員が自殺したような場合、その原因がわからないことが多いため、実際に業務と関係があるかどうかとは無関係に、「会社のせいで死んだ」と思い込むこともしばしば見られ、ご遺族が、会社関係者が葬儀に参列することを拒否することがあります。もっとも、これもご遺族が企業に対する感情を爆発させている状態ですので、無理に葬儀に参列しようとすれば、「来るなと言ったのに！」と言われ、行かなければ行かないで、「誠意がない！」などと言われ、どちらの対応をとってもご遺族との関係を悪化させることになりかねません。

　企業としては、ご遺族が拒否している以上、無理矢理参列するのは避けたほうがよいと思いますが、他方で、企業としても弔意を表したいと考えていることは、ご遺族にわかってもらうことが重要です。具体的には、まずは、ご遺族が怒っていたとしても、弔問に伺いたい旨をきちんとお伝えし、ご遺族が拒否した場合でも、「ご意向に従って今回は弔問は見合わせます。ただ、会社としては、線香はあげさせていただきたいと考えていますので、時期をみて、あらためてお願いさせていただきます」等、お伝えし、またある程度時間が経過したところで（四十九日が過ぎた後や、初盆の頃など）、あらためてお願いしてみるというのがよいと考えます。

Q47 従業員が亡くなり、直属の上司と担当役員が弔問に伺ったところ、遺族は「社長は線香もあげに来ないのか」と激怒しています。社長も弔問に行かなければならないのでしょうか。

A.

社長に弔問する義務はありませんが、遺族感情を和らげるという観点からは、できるだけ挨拶に行く機会を設けることが望ましいでしょう。

解説

従業員が亡くなった場合、遺族との間ではさまざまなやり取りが交わされることになります。そうした対応や弔問などを誰が行うべきかは、特に遺族が感情的になっている場合には、批判の矢面に立たされる可能性がありますので、むずかしい問題です。

1．遺族との窓口担当者を決める

まず、遺族と、細かな手続き等の事務処理を行う担当者を決める必要がありますが、これは人事部門の中から担当者を決めるのがよいでしょう。直属の上司だと、遺族から直接非難を浴びせられたりする可能性もあるため、ラインからは少し外れた方が対応するのがよいと思われます。

もっとも、人事部門の従業員であっても、遺族からは非難を浴びせられたりする可能性がありますので、一人だけにせず、周囲でもフォローする体制をつくっておくことが重要です。

2．ご遺族への弔問

ご遺族に弔問に伺う際に、どのような立場の者が訪問すればよいかについては、会社の規模等によってはまた異なる考えはあるかと思われますが、従業員が死亡している事案では、ご遺族が会社に対し感情的になっている可能性もあり、こうした遺族感情に対して真摯に向き合う姿勢を示すという点で

は、社長も弔問に行かれる方向で検討いただいたほうがよいと考えます。社長が行かないと、遺族としては「肝心なところで社長が逃げ隠れしている」と思い込み、会社に対する感情をより悪化させる可能性があるかもしれません。

　社長もさまざまな業務を抱えており、弔問の時間を設けることがむずかしい場合でも、単に「忙しいので」という理由だけで弔問に伺わないと、遺族から「従業員よりも仕事を優先するのか！」といった非難が寄せられることも考えられます。そのため、社長も弔問に行きたいという意向は強く示していたものの、調整がどうしてもつけられなかった等、遺族感情を害さないよう、その理由をあらかじめ検討しておくべきだと考えます。

執筆者略歴

安倍嘉一 Yoshikazu Abe　弁護士［第一東京弁護士会］
2000年東京大学法学部卒業、2005年弁護士登録。高井伸夫法律事務所（現弁護士法人髙井・岡芹法律事務所）を経て2015年森・濱田松本法律事務所入所。2019年パートナー就任。
主な著作：「〈ケースで学ぶ〉労務トラブル解決交渉術－弁護士・企業の実践ノウハウ」（民事法研究会）、「従業員の不祥事対応実務マニュアル－リスク管理の具体策と関連書式」（民事法研究会）、「多様な働き方の実務必携Q&A－同一労働同一賃金など新時代の労務管理」（民事法研究会・共著）「雇用調整の基本－人件費カット・人員削減を適正に行うには」（労務行政・共著）、「詳解 賃金関係法務」（商事法務・共著）等

奥田亮輔 Ryosuke Okuda　弁護士［第二東京弁護士会］
2012年京都大学法学部卒業、2014年弁護士登録。2015年森・濱田松本法律事務所入所、2023年パートナー就任。
主な著作：「企業法務最前線〈第258回〉人的資本開示に関する最新の実務動向」（『月刊監査役』753号）、『ヘルステックの法務Q&A〔第2版〕』（商事法務・共著）、『コーポレートガバナンス・コードの実務〔第4版〕』（商事法務・共著）、『令和元年改正会社法－改正の経緯とポイント』（有斐閣・共著）等

五十嵐充 Igarashi Mitsuru　弁護士［第一東京弁護士会］
2008年慶應義塾大学法学部法律学科卒業、2010年慶應義塾大学法科大学院修了。2011年弁護士登録。髙井・岡芹法律事務所北京代表処、上海代表処首席代表を経て森・濱田松本法律事務所入所。
主な著作：『実務 中国労働法－日中対比で学ぶ最新労務管理』（経団連出版・共著）、『雇用調整の基本－人件費カット・人員削減を適正に行うには』（労務行政・共著）、『外国人材の雇用戦略－採用・法務・労務』（日本法令・共著）等

大屋広貴 Hiroki Oya　弁護士［第二東京弁護士会］
2017年東京大学法学部卒業、2019年東京大学法科大学院修了。2020年弁護士登録。森・濱田松本法律事務所入所。
主な著作：『2023年版 年間労働判例命令要旨集』（労務行政・共著）、「責任追及を見据えた従業員不正の対処法 第2回 キックバック」（『ビジネス法務』24巻2号・共著）等

労働災害対応Q&A
──企業と役員の責任

著者◆
安倍 嘉一、奥田 亮輔、五十嵐 充、大屋 広貴

発行◆2024年7月10日 第1刷

発行者◆
駒井 永子

発行所◆
経団連出版
〒100-8187 東京都千代田区大手町1-3-2
経団連事業サービス
電話◆[編集]03-6741-0045 [販売]03-6741-0043

印刷所◆そうめいコミュニケーションプリンティング

ISBN978-4-8185-1957-2 C2034